Mon Angleterre

Du même auteur

Lettres anglaises (avec Bernard Rapp), Folio/Gallimard, 2005.

Je ne suis pas là, La Table ronde, 2004.

Lettres d'Amérique (avec Philippe Labro), Folio/Gallimard, 2004.

Salut à Louis Jouvet (avec Raymond Chirat), Le Rocher, 2002.

Lettres à l'inconnue (avec Alain Bouldouyre), Hoëbeke, 2001.

Honneur à Vilar (avec Melly Puaux), Actes Sud, 2001.

Noir et blanc (avec Raymond Chirat), Flammarion, 2000.

Pages pour Modiano, Le Rocher, 1999.

Le Voleur de villes, Anne Carrière, 1999.

Olivier Barrot

Mon Angleterre

Précis d'anglopathie

Illustrations d'Alain Bouldouyre

Perrin
www.editions-perrin.fr

ISBN 2-262-02197-X

En souvenir d'Olivier Merlin
(1907-2005),
anglopathe avéré

« Français, j'écris une histoire d'Angleterre. J'aborde l'étude d'un peuple auquel je suis étranger par la naissance et par l'éducation. J'ai beau multiplier les lectures, visiter la capitale et les provinces, fréquenter des milieux sociaux divers, une foule de choses qu'un Anglais, même non cultivé, sait en quelque sorte spontanément. Il m'a fallu en acquérir la connaissance à grand peine, d'une manière qui semble condamnée à demeurer factice »

E. HALÉVY
Histoire du peuple anglais

I

De l'anglopathie

Ce traité d'amitié, j'aurais pu l'intituler *Vu d'en face*. Je gage que l'anglo-quelque chose, -philie, -phobie, -manie, est aussi ancienne que l'Angleterre elle-même. D'emblée, la contrée a fait naître outre-Channel des sentiments forts d'adhésion ou de répulsion, tant sa *Weltanschauung*, sa conception du monde apparaît charpentée, rigide peut-être, en tout cas patente. La sensibilité à la chose anglaise, je la baptise « anglopathie », et l'illustrerai volontiers par des exemples littéraires. On débuterait ainsi par deux titres antinomiques. *De la supériorité de l'Angleterre sur la France*, du Français François Crouzet, et *L'Insupportable Bassington* de Hector Hugh Munro, connu en littérature sous le pseudonyme de Saki. Autrement dit, notre compatriote établit un palmarès comparé qui ne nous est pas favorable, tandis que le Britannique déclare imbuvable l'un de ses concitoyens. Que voici de part et d'autre une bien salutaire et bien rare humilité ! Elle suffirait à définir notre propos, fondé sur une méfiance et une rivalité millénaires. C'est qu'il faut bien se référer à l'histoire de ces deux vieux pays d'Europe à peu près nés en même temps, qu'il s'agisse de leur réalité politique, de leur conscience d'eux-mêmes, de leur expression artistique. Dès le neuvième siècle, à une décennie ou deux d'écart au plus, en même temps donc, naissent les littératures anglaise et française. Guillaume de Normandie et les Plantagenêt pratiquent l'aller-retour de part et d'autre de la Manche. Certaine guerre franco-anglaise a duré cent ans, mais l'Entente cordiale aussi. Première ennemie, la Grande-Bretagne demeure notre plus ancienne alliée. Un partout, donc, et balle au centre. En route pour un *Tour Through the Whole Island of Great Britain* (en explorant toute l'île de Grande-Bretagne) selon le titre de l'un des cent ouvrages de Daniel Defoe, auteur aussi, entre tellement d'autres, de *Robinson Crusoé*. Un tour d'Angleterre, plutôt. Les autres « nations » britanniques, l'Écosse, l'Irlande, le Pays de Galles, ne sont point de la même eau. Et à titre de précaution, il me vient l'envie de rappeler le texte liminaire et clairvoyant qu'Elie Halévy apposait au début de son *Histoire du peuple anglais*, en 1913 : « Français, j'écris une histoire d'Angleterre. J'aborde l'étude d'un peuple auquel je suis étranger par la naissance et par l'éducation. J'ai beau multiplier les lectures, visiter la capitale et les provinces, fréquenter des milieux sociaux divers, une foule de choses qu'un Anglais, même non cultivé, sait en quelque sorte spontanément. Il m'a fallu en acquérir la connaissance à grand-peine, d'une manière qui semble condamnée à demeurer factice. » Halévy, savant précurseur de l'anglopathie.

VICKERS VISCOUNT

BRIGHTON.

CHICHESTER

W

II

Histoire personnelle de l'Angleterre

Il y aura bientôt un demi-siècle. C'est l'aurore des années 60 quand la génération qui est la mienne, celle du baby-boom, franchit pour la première fois le Channel à des fins supposées linguistiques. Déjà aussi, en France, tous les lycéens ou presque apprennent l'anglais, dont l'influence inquiète déjà aussi de bons esprits. *Parlez-vous franglais* ?, du tonique et ronchon Etiemble, ébranle les certitudes. La langue de Shakespeare, mais celle de l'Américain Salinger également, polluerait la langue de Molière. En ces années d'une Angleterre orgueilleuse et insulaire (pardon du pléonasme), nous avons vu débarquer d'outre-Manche les Jeunes Gens en Colère du cinéma et de la littérature, une nouvelle manière d'écrire pour le théâtre, un bouleversement musical en même temps qu'un objet de mode féminine traduisant, dans sa perfection minimaliste, une radicale évolution des mœurs. Je m'explique : parallèlement à notre Nouvelle Vague des Truffaut-Godard-Chabrol, les Anglais réintroduisent le réalisme dans les films du Free Cinema des Lindsay Anderson – Tony Richardson –

Karel Reisz, et l'on commence à se rendre compte que le VIIe art britannique ne se limite pas au filmage des tragédies de Shakespeare, aux films d'horreur de la firme Hammer et aux adaptations romantiques de David Lean. Des romanciers ont montré la voie, David Storey – Allan Sillitoe – John Wain. Sur la prestigieuse scène londonienne et bientôt dans le monde entier, triomphent Harold Pinter – Tom Stoppard – John Osborne. Les Beatles et les Rolling Stones apparaissent d'emblée comme classiques. Et la minijupe de Mary Quant figure avec un humour canaille le raccourcissement prometteur de la distance entre les hommes et les femmes. Adolescent, j'ai vécu cette époque de la soudaine avancée de l'Angleterre vers l'Europe, qui allait atténuer les effets de son insularité.

Ce tourbillon vertigineux, nous en découvrons les échos dans les stations balnéaires de province que fréquentent alors les anglicistes apprentis que nous sommes. Dans les écoles privées et les familles du sud-est d'Albion, du Dorset au Sussex et au Kent, de Bournemouth à Brighton, d'Eastbourne à Ramsgate, on arpente les jetées, les fameux *piers* semés de machines à sous et de jeux de loto, on découvre le flirt et la langue anglaise (synonyme quasi physiologique...), on gère son argent de poche et on affronte à l'occasion les collégiens du cru, toujours en uniforme. Le sport, le leur bien sûr : le tennis plutôt que le football, alors surtout hivernal, le cricket dont on s'efforce de comprendre les rites et le rythme alangui. La façon de se nourrir tellement plus prosaïque que la française, le porridge et le *fish and chips*, le *custard* et les *ice-lollies* à toute heure. Les pubs aussi, dont nous hésitions cependant à franchir le seuil : trop jeunes, et l'accent du préposé à la bière et au cidre pression décourage notre bilinguisme encore embryonnaire. Au mur, les fléchettes qui nous tentent, le tableau du foot dominical avec ses quatre divisions professionnelles, révèlent des enjeux à nos yeux inimaginables. C'est que le royaume s'enfonce dans une cruelle défaillance économique. Centenaires, les industries textiles, minières et métallurgiques du Black Country, du Yorkshire et du Lancashire, des trois rivales que sont Liverpool, Birmingham et Manchester, l'une après l'autre, cessent leur activité. Et l'affrontement de se transposer par le ballon rond sur les terrains humides, le dimanche après-midi. Guère plus tard, cependant. En ces années, « L'Angleterre ferme à cinq heures », comme l'écrira exquisément un anglophile français, j'y reviendrai.

Petit catalogue autobiographique. De cette époque je me remémore mille instants, et comme je comprends la tentation de Georges Perec d'« épuiser » un lieu par sa description millimétrée, et d'accoler l'expression « souvenir d'enfance » à une lettre, le W en l'occurrence, si fréquent dans la langue anglaise. Autour de 1960, on peut se rendre en Angleterre par le chemin de fer. Point d'Eurostar évidemment, mais un train archaïque, le Night Ferry. De Dunkerque, les wagons empruntent un bateau jusqu'à Douvres. Huit heures minimum. Par les airs, la compagnie britannique s'appelle BEA, British European Airways, ses avions sont des bimoteurs Vickers Viscount. Il me semble bien avoir atterri à Croydon, aérodrome plus qu'aéroport… Mais le moyen le plus courant pour traverser la Manche, ce sont les liaisons maritimes entre Calais et Douvres, entre Dieppe et Newhaven, avec leur mal de mer obligé, les côtes d'en face scrutées jusqu'à leur rassurante apparition fantomatique au loin. Au pied des falaises crayeuses, commence la liberté ou plutôt la libération. C'est l'étranger, ce pays si proche et si différent. Il faut encore un passeport pour y accéder, le douanier y apposera longtemps encore un large cachet rectangulaire, signe que la frontière existe bel et bien. À nous, l'indépendance encadrée qui convient tellement à l'adolescence, et que parmi tant d'autres partageait au même moment un Patrick Modiano. Dans *Un pedigree*, lui reviennent les couleurs de ses étés anglais, chalets rouges dans le feuillage, villas blanches des stations balnéaires… Pour moi, qu'on m'autorise à citer ces professeurs du lycée Buffon ou de la Sorbonne à qui je dois un bilinguisme acquis mais cependant acceptable, MM. Jacques Bertrand, Raymond Las Vergnas, Lionel Guierre, Antoine Culioli, Jean-Jacques Mayoux, Jean Guénot. Combien ils ont aimé l'Angleterre eux aussi.

Je me souviens (Perec, toujours). C'est en compagnie de ma famille d'accueil, un véritable cercle de substitution puisque je lui rendais visite trois fois dans l'année, que j'ai appris par l'autoradio le suicide de Marilyn Monroe, pendant l'été 1962. Une chape de silence s'abattit dans la Dauphine rouge de mes hôtes francophiles mais uniquement anglophones. Nous approchions de Blackpool, déjà nous apercevions sa tour copiée sur celle d'Eiffel, le temps, gris sale, traduisait l'humeur ambiante. On dut s'arrêter, mon hôtesse secouée de sanglots. Qu'elle fut déprimante la promenade espérée d'agrément, entre la grande roue et les stands de tir ! Au vrai, la disparition de la star ne fit qu'accentuer l'impression détestable que procura sur moi la première station balnéaire du royaume desservie par le chemin de fer dès 1846. Comme je détestai ces kilomètres de promenade côtière, ces relents de barbe à papa, cette eau de mer glaciale, ces épidermes cependant rougis par un pâle soleil et cette tour Eiffel de pacotille. Il paraît qu'aujourd'hui une ligne aérienne régulière relie Blackpool à Roissy, plus probablement à EuroDisney.

Retour le lendemain à Chichester, West Sussex, où demeuraient « mes » Anglais. Chichester, jolie ville de style géorgien dominée par sa cathédrale jumelée avec celle de Chartres. Renommée aussi pour son festival estival de théâtre, dont le premier directeur artistique n'était autre que Laurence Olivier, qu'il me fut alors donné de rencontrer un moment. Il m'arrive de penser que cette conversation a fondé, inconsciemment, ce que serait mon existence. Là encore, j'y reviendrai, forcément. Pourtant, en ces années de frustration, l'Angleterre m'offrit le passage à l'âge adulte, comme dans un roman aux épisodes prévisibles. Elle s'appelait Shirley, elle demeurait le plus souvent seule au foyer, son mari avait ses copains, elle, son vague à l'âme. Je me le rappelle, elle me disait être née la même année que Brigitte Bardot, dont elle arborait en tout cas les formes. Bilingue, je le suis devenu. Et je me réfère toujours au quarante-six petits volumes carrés de la « Collection Shakespeare » des Belles Lettres, solide échantillonnage en deux langues du théâtre élisabéthain.

Revenant à cette impression d'exotisme que nous éprouvions tous et qui demeure vivace, je retrouve un ouvrage épatant paru chez Julliard en 1965. Deux années auparavant, Henri Gault et Christian Millau publiaient un *Guide de Paris* appelé à faire date. Journalistes au style acéré, nos duettistes y parcouraient la capitale sans œillères. S'adressant notamment « aux gastronomes, aux noctambules, aux femmes coquettes et aux hommes élégants, aux amis des bêtes, aux sportifs, aux curieux et aux chercheurs », ils recensaient « les 2 252 bonnes et mauvaises adresses qui mettent Paris dans votre poche ». Un vif succès amena nos auteurs à se pencher ensuite sur la capitale britannique. *Le Guide Julliard de Londres*, relié de toile verte et orné en couverture d'un chapeau melon, traduisait une anglophilie vigilante, littérairement tout à fait digne de devanciers consacrés à la Larbaud, à la Morand. Leur approche de la ville enchanta le bachelier que j'étais depuis peu, l'angliciste que je deviendrais ensuite, l'anglomane que je suis largement demeuré. Ces pages recelaient une justesse de vue enchanteresse, ainsi qu'un très équitable partage des mérites et des torts des deux peuples rivaux. Je ne résiste pas au plaisir de citer une nouvelle fois – je n'hésite jamais à rendre hommage à ce qui m'a touché – le début de leur jubilatoire introduction : « Pour faire croire à l'univers ébahi que leur capitale était la plus grande ville du monde, les Anglais n'ont pas craint d'étendre les frontières de Londres bien au-delà de la vérité et de l'évidence. Outre que cette fantaisie de géographe est très flatteuse pour un peuple, elle a l'avantage flagrant et imprévu de faire croire à des villageois du Surrey qu'ils sont de véritables Londoniens. (Imaginez l'étonnement et la joie d'un paysan des environs de Brie-Comte-Robert ou d'Auvers-sur-Oise si on lui annonçait qu'il est aussi parisien qu'un habitant de la rue Saint-Honoré !) En jouant en France un pareil tour de passe-passe, le métro emmènerait des gens de la Villette travailler dans des usines de Bonnières, on dînerait dans le quartier de Meaux, et on irait se promener les beaux soirs d'été dans les champs de blé d'un parc nommé la Beauce. »

C'est cependant une autre partie du guide qui retint l'attention des critiques et des lecteurs. Dans le chapitre intitulé « Londres la nuit », MM. Gault et Millau offraient trois pages aux « messieurs seuls ». Encore le plaisir de citer : « Le temps n'est plus, plus du tout où les Français, en quittant le train de Victoria, voyaient venir vers eux des dizaines de jeunes filles roucoulantes et de dames de toutes sortes. Hélas ! Le Français n'est plus un séducteur mythique et est entré, à Londres comme ailleurs, dans la douloureuse catégorie des messieurs seuls. En apprenant à s'habiller, à se farder, à marcher, les Anglaises ont appris à être belles. Nous le leur montrons, c'est notre erreur, elles le savent, jouent la comédie de la pudeur, estiment satisfaisant de nous plaire, s'en contentent et nous échappent. Pourtant, à considérer le nombre des Anglais, de sexe apparemment masculin, qui se détournent d'elles… » Convenons-en, l'Angleterre de ces années-là pratiquait sans malice un dévergondage de bon aloi, qui ne compta pas pour rien dans la flatteuse réputation du pays à travers toute l'Europe continentale. On commençait bien à parler d'un modèle suédois, mais la Scandinavie, c'était beaucoup plus loin. Si bien que, pour la génération montante, la victoire anglaise lors de la Coupe du monde de football 1966 sur la pelouse légendaire de Wembley, apparut comme une juste récompense offerte au pays inventeur de ce sport. Fût-ce au prix d'une défaite de notre équipe nationale, tandis qu'en finale face à l'« ennemi » allemand, l'acceptation par l'arbitre suisse Dienst de deux buts douteux de l'ailier anglais Geoff Hurst couronnait la formation d'un entraîneur désormais légendaire, Alf Ramsay, bientôt anobli et devenu sir Alf...

« Par les matins brumeux et les soirs de lune, le spectacle des docks bruyants ou endormis est toujours émouvant, hallucinant. Il faut aller, dans Bermondsey, raser les vieux murs de briques de Rotherhithe Street, dans les odeurs de cannelle qui conduisent aux Indes, sous les grues et les passerelles, et contempler le fleuve où glissent les bateaux des rêves. » Comment résister à une telle invite, de même provenance ? On pouvait effectivement, à l'époque, arpenter les ruelles familières à Jack l'Éventreur, longer les quais du quartier de Wapping, apercevoir des marches de fer donnant accès à la Tamise, imaginer de sombres trafics nocturnes, et se rassurer en allant prendre une bière ou déguster un homard au Prospect of Whitby, le plus vieux pub de Londres. Les London Docks ne sont plus, sinon le faubourg le plus branché de la capitale, parcouru par sa propre ligne de métro aérien, Docklands. Le trajet qu'elle propose initie à moindre coût à la réalité des grands travaux de la ville, en un véritable précis d'urbanisme contemporain dans lequel le passé demeure visible et réhabilité. Mais il demeure intact, le tunnel automobile souterrain décoré de faïence blanche éclairée d'une lueur orangée. Toujours doublé d'une percée ferroviaire qu'un autre anglophile de haute volée, Olivier Merlin, décrivait de la sorte il y a une trentaine d'années : « À la station Wapping, un monte-charge transborde les voyageurs après force grincements et claquements de grilles. Tout en bas, au bout de quais visqueux, deux boyaux jumelés s'enfoncent dans les ténèbres de la Tamise. Ce souterrain, qui emplissait d'effroi Mac Orlan, n'est plus aujourd'hui que le vestige du tunnel de Wapping, premier ouvrage sous un fleuve construit par sir Marc Isambard Brunel. » Au fait, il faudrait se pencher davantage sur ces Français émigrés en Angleterre qui y ont fait souche depuis 1066, Brunel le père et le fils par exemple, ces architectes de l'industrialisation glorieuse. Je me revois, au volant de ma 2 CV rouge et bleue, emprunter dans les deux sens le tunnel en sa section circulaire et repérer encore allumé le panneau lui aussi rouge et bleu indiquant la station Rotherhithe.

Le meilleur triple sauteur de ces dernières années, l'Anglais Jonathan Edwards, refusait de concourir le jour du Seigneur par conviction religieuse. Moyennant quoi, il est passé à côté de bien des titres. Une constance aujourd'hui exceptionnelle, mais encore vivace il y a un quart de siècle. Longtemps, les magasins, les pubs et les dépôts d'alcool ont fermé le dimanche, considéré en Angleterre non pas comme le dernier, mais comme le premier jour de la semaine. On n'allait pas s'enivrer au tout début de celle-ci ! Une telle hypocrisie, qui n'a jamais rebuté notre île, donna naissance au « dimanche anglais » de triste mémoire. Le pays fermait, tout simplement. Ce qui, au fond, équivaut à cette tradition française des congés du mois d'août. Malgré la pluie, malgré l'ennui, il fallait bien sortir. Pour aller où ? Autour du *green*, vaste terrain herbeux et collectif, où il était loisible de faire courir le chien dans une morosité définitive qui n'a jamais affecté le sens tout britannique de la communauté. On s'entraide et on parle du temps. Nul hasard dans le titre de ce très beau film de Robert Hamer, futur auteur de *Noblesse oblige*, exactement traduit par *Il pleut toujours le dimanche*. Le cinéma anglais mérite de plus amples développements, ils viendront. Mais c'est juste, jusqu'à la fin des années 60, le dimanche, il a toujours plu.

RUGBY

£

HONNI SOIT QUI MAL Y PENSE

III

Un certain sens de l’espace-temps

L’humaine condition nous vaudrait d’être situés par l’espace et par le temps. Catégories arbitraires, au demeurant, qui, selon Einstein, seraient en réalité confondues. Tous deux se mesurent, tous deux, paradoxalement, sont infinis. À nous la métaphysique ! Ce n’est pas le fort des Anglais, qui n’ont pas pour rien excellé dans l’acception utilitariste de la philosophie. Commençons par l’espace, cette découpe de l’univers qui se chiffre en latitudes et longitudes, en kilomètres et en années-lumière. Au début du siècle de la Révolution, les mœurs politiques britanniques, représentatives et posées, impressionnent Montesquieu et Voltaire. Ce sont les Lumières, mères de ce 89 qui horrifie Londres. Cependant, parmi les conquêtes révolutionnaires figure le système métrique, un progrès si incontestable qu’il s’impose d’emblée au Vieux Continent et au Nouveau Monde. Mais pas à l’Angleterre, qui préfère aujourd’hui encore son antique et illogique échelle duodécimale dont le nom seul provoque l’enchantement, « avoirdupois » ! Outre que cette dénomination permet de vérifier que les emprunts syntaxiques de l'anglais au français apparaissent aussi nombreux que l'inverse, ce mot délicieux prélevé de notre langue au quinzième siècle désigne effectivement un système de mesure dans lequel la livre ne vaut pas un demi-kilo soit 500 grammes – ce qui serait une concession au cartésianisme décimal – mais plutôt 453,59 grammes, valeur applicable à toutes les marchandises sauf les métaux précieux et les médicaments… Mais après tout, la devise de la Couronne britannique, importée par le Conquérant, n'affirme-t-elle pas depuis un millénaire en français : « Honni soit qui mal y pense » ? Avoirdupois, sans *d*, car alors ce mot français n'en comportait pas. L'esprit anglais n'est pas façonné par la symétrie, il n'est que de considérer l'opposition radicale entre jardins anglais et jardins à la française. « De la musique avant toute chose, et pour cela préfère l'impair », affirme un poète d'ici. Oui, l'impair qui plaît aux dieux, l'inattendu, l'illogique. Il est un objet qui me paraît définir exactement cette sorte de poétique-là, tellement répandue outre-Manche, c'est le ballon de rugby, véritable défi à la logique. Une sorte de gadget, de concept appliqué que la langue anglaise appelle joliment *contraption*. Jamais un Français, qu'il fût basque ou artésien, jamais un Italien, un Allemand, un Espagnol, n'aurait imaginé une balle ovale, aux rebonds par définition imprévisibles. Au reste, les règles mêmes du plus complet des sports collectifs défient tout entendement cartésien. Les deux charnières en ligne que sont les demis n'arborent ni le même nom, ni la même fonction : demi d'ouverture, demi de mêlée (en anglais, *fly half* et *scrum half*). De surcroît, comme tout sport, le rugby parodie la guerre : il est prodigieux que la chose même qui figure l'arme et symbolise la conquête ne puisse être transmise à la main vers l'avant. Le rugby, sport d'attaque, se joue en arrière !

Merveilleux anglo-centrisme britannique, qui autorisait un quotidien à titrer, après qu'une tempête eut interrompu les communications : « Le continent est isolé ». C'est qu'il existe à l'évidence une mesure du monde réservée exclusivement aux citoyens de Sa Très Gracieuse Majesté. On ne touche pas à son espace, en vertu de quoi perdurent des aberrations historiques telles que Gibraltar ou les Malouines. Margaret Thatcher, dont François Mitterrand expliquait à fort juste titre qu'elle avait, aux yeux de ses administrés, plutôt bien servi son pays, ne plaisanta guère avec ces obscurs joyaux oubliés de l'Atlantique sud que les Argentins riverains firent mine de vouloir reprendre. Non, les Falklands ne deviendraient pas Las Malvinas, et des marins de la Royal Navy se firent tuer pour cette cause. Le monde est anglais. Une fois que l'on a compris cela, on ne s'étonne plus de la survivance en mineur d'une organisation coloniale intitulée Commonwealth (richesse commune). Lequel préside tous les quatre ans à des compétitions sportives inspirées des jeux Olympiques et organisées dans un pays de l'ancien empire chaque fois différent. Le Commonwealth maintient dans la durée un lien culturel effectif entre l'ancienne métropole et sa sphère d'influence. Et c'est là que l'espace est rejoint par le temps. Qui, lui, n'existe pas pour l'Angleterre comme pour les autres contrées. Il n'est dans son histoire aucune solution de continuité, mais bien au contraire une chaîne ininterrompue de réalités. Certes, les événements impriment leur marque et leurs exigences, mais il importe de ne renoncer à rien d'essentiel. Les choses ont un sens, elles rassemblent, elles rassurent. Ainsi de la Couronne. Les Anglais ont inventé la démocratie représentative sans jamais, sinon très brièvement, abolir la monarchie. Contestés comme jamais auparavant, les Windsor poursuivent leur règne, les républicains n'existent qu'à peine, et Elizabeth II demeure souveraine du Canada, de l'Australie et de la Nouvelle-Zélande. Pourquoi voudriez-vous que cela change ?

On conçoit qu'une telle appropriation des données immédiates de la conscience ait façonné un esprit de corps – encore une expression française intégralement passée en anglais – positivement inaltérable, au nom duquel chacun sait pouvoir se sacrifier. Ma mère se souvenait d'avoir assisté à une scène mémorable à Londres, pendant le Blitz de 1940. Un bloc d'immeubles soufflé par les bombes allemandes, dont il ne reste qu'une porte d'entrée. Au milieu des gravats, imperturbable, une femme en astique la poignée de cuivre. Et j'ai en tête cette photographie non moins frappante, prise à la même époque. De cette bibliothèque, ne survivent que quelques rayonnages, toujours chargés de livres. Un gentleman, melon, parapluie, col cassé, en a extrait un volume qu'il consulte debout, comme si de rien n'était. Certains imbéciles y ont vu une absence d'imagination. C'est pourtant cette humble vertu-là qui a permis à l'Angleterre de résister au nazisme. Ultime rempart du monde libre, ce ne sont pas seulement sa marine et son aviation qui ont su faire face, mais la nation tout entière, moins réunie autour de ce qu'elle désirait que de ce qu'elle refusait. Juif bulgare installé à Londres dans les années 30 après un séjour prolongé à Vienne, Elias Canetti est de ceux qui, à mon sens, ont le mieux témoigné des dispositions profondes du peuple anglais : « C'est durant le temps des catastrophes que j'ai été le plus impressionné : lorsque l'Angleterre se trouva seule et que des bâtiments de guerre furent coulés. On pouvait apercevoir un léger tressaillement à l'étage des bus londoniens lorsqu'on annonçait qu'un navire venait d'être torpillé. Il arrivait que des phrases soient prononcées, exprimant un courage dédaigneux. Jamais, pas une seule fois, je n'entendis une parole d'appréhension ou une plainte. Plus la situation s'aggravait, plus les gens paraissaient résolus », écrit-il dans *Les Années anglaises*. Et tout récemment, le comportement résolu des Londoniens lors des attentats terroristes de juillet 2005 a montré au monde que leurs vertus collectives restent intactes.

Valeur relative, l'écoulement du temps ne compromet nullement la durée, qui est elle valeur absolue.

« Ferme les yeux, et pense à l'Angleterre », conseillait une mère à sa fille sur le point d'affronter sa première nuit conjugale. C'est que la patrie est un en-soi, son étendue transcende les individus faiseurs d'histoire. Elle demeure telle qu'en elle-même, enfin l'éternité surtout ne la change point. Il a fallu la menace terroriste pour que les Communes se résolvent à instituer en décembre 2004 la carte nationale d'identité, jusqu'alors inconnue. Le droit anglo-saxon suppose en effet l'innocence a priori du justiciable. C'est à l'accusation de prouver la culpabilité. Pendant des siècles, nul n'est donc contraint de décliner son état civil, ni d'arborer des documents en attestant.

UNIVERSITY OF OXFORD
DOM NVS ILLV
MINA TIO MEA

IV

Éloge de l'inégalité

Si Tocqueville fut au dix-neuvième siècle le chantre français des États-Unis d'Amérique, Chateaubriand aura été un éminent laudateur de la Grande-Bretagne, suivi par le trop oublié Hippolyte Taine. Et si nul n'ignore que Victor Hugo passa près de vingt années d'exil à Jersey puis à Guernesey, on n'a pas forcément en tête la décennie pendant laquelle un Chateaubriand expatrié par la Révolution fut accueilli par ses amis anglais. *Les Mémoires d'outre-tombe*, livre absolu, proposent, entre autres, quantité de vues lumineuses sur la civilisation anglaise et l'idiosyncrasie de son peuple. Le vicomte n'a pas seulement connu outre-Manche le plus authentiquement romantique de ses émois en la personne de la toute jeune Charlotte, dont il convient qu'elle demeurera la passion-souvenir d'une existence, il y esquisse une philosophie politique. Frotté d'amitiés avec la classe dirigeante, tôt acquis à un bilinguisme encore peu répandu, il décèle ce trait fondamental qui oppose Anglais et Français. Notre obsession première n'est pas la liberté, mais l'égalité.

C'est tout le contraire pour nos voisins. Ce qui explique la pulsion révolutionnaire d'un côté, le réalisme progressiste de l'autre. Avant lui, Rousseau avait bien pointé la source de conflit qui naît de « l'inégalité parmi les hommes ». Chateaubriand, qui dit avoir songé à demeurer en Angleterre jusqu'à la fin de ses jours, et même en adopter la nationalité, traite du pays en empirique, en praticien. L'égalité n'y prévaut pas, c'est ainsi. On n'en renverse point la royauté pour autant, même si, une seule fois, une tête couronnée est tombée, celle de Charles Ier.

Un pays tolérant à l'inégalité sociale, aussi bien quant à la formation de ses élites que dans l'exercice de la vie collective. À elle seule, l'Angleterre représente un défi à l'analyse socio-économique marxiste, pourtant conçue sur place par un Marx exilé. Le développement industriel et marchand, dès le début du dix-neuvième siècle, n'a pas seulement fait naître un prolétariat dont la littérature s'est d'emblée emparée, avec Dickens en premier lieu, il a fomenté le syndicalisme et stigmatisé un affrontement de classes dont on s'étonne qu'il n'ait pas été plus meurtrier. Au demeurant, les romans de Dickens plaisent à tous, d'abord publiés en feuilleton dans une presse prolifique et bon marché, puis en volumes qui assurent la fortune prodigieuse de leur auteur. Dickens s'insurge, la révolution industrielle passe, l'inégalité perdure. Quant au système universitaire britannique, l'un des plus anciens d'Europe (Oxford 1249, Cambridge 1284), carrément censitaire, il a fallu attendre les années 2000 pour que Tony Blair en corrige en profondeur les caractères les plus abusifs, le Royaume-Uni consacrant désormais plus d'argent que la France à l'éducation. Malgré un syndicalisme puissant, un parti travailliste d'inspiration socialiste régulièrement au pouvoir et une presse de tout temps absolument libre, nul n'objecte véritablement à cette obscure prédestination qui classe les citoyens en castes bien peu poreuses. La Chambre des lords, l'une des deux assemblées du parlement britannique, n'a guère évolué dans son recrutement social depuis la Grande Charte de 1215 imposée au roi par les barons : c'est l'hérédité qui en détermine encore largement la composition. Et il existe toujours, au nombre des membres du gouvernement, un Chancelier du duché de Lancastre !

Ravagé par les épreuves de la guerre, le pays met au point un système de sécurité sociale d'avant-garde en 1945, le National Health Service. Peu à peu vermoulu parce que mal financé et mal réformé, il a fait naître un système de soins à deux vitesses et provoqué le départ à l'étranger des meilleurs praticiens. On a pu assister pendant les années Thatcher à la privatisation calamiteuse de bien des services publics sans que les usagers ne s'en émeuvent outre mesure. Devant le désastre, il a fallu depuis renationaliser les chemins de fer ! L'annonce d'un nécessaire projet de réforme de l'assurance sociale par Alain Juppé à l'automne 1995 a placé la France, pendant plusieurs semaines, en arrêt de travail.

No objection whatsoever : aucune objection quelle qu'elle soit à l'écart de fortune. Vos moyens vous permettent de rouler en Rolls Royce ou en Aston Martin ? Nul besoin de louer un box pour la remiser. Vous laissez la voiture pour la nuit dans la rue, il ne viendra à l'esprit de personne d'y porter atteinte. Au reste, le coût de la vie dans l'Angleterre d'aujourd'hui, à nouveau plus riche que la France en produit national, oblige à s'étonner de l'inébranlable longanimité britannique qui tolère toujours aussi les signes les plus patents de la guerre des sexes. Personne n'a songé à s'interroger sur cette tradition séculaire que représentent les clubs, desquels les femmes ont de tout temps été rigoureusement bannies.

On a trop tendance ici à considérer le pays à l'aune de sa seule capitale. Certes, le Grand Londres regroupe un quart de la population du royaume, mais des villes a priori peu touristiques car historiquement liées à la révolution industrielle et à son déclin se sont avisées de nouvelles opportunités. Rivales de toujours, Liverpool et Manchester s'extraient d'un marasme prolongé. Le football n'est pas étranger à cette orientation car chacun a au moins entendu parler des tribunes d'Anfield Road et d'Old Trafford, stades mythiques. Et si Liverpool réhabilite ses zones portuaires, Manchester lance des voyages organisés dans les bars et boutiques fréquentés par ses joueurs vedettes. Même Leeds la grise revit grâce à la connectique et à ses pubs qui ont reçu l'autorisation municipale de ne fermer qu'à deux heures du matin. C'est qu'on ne chôme plus guère dans les comtés si longtemps sinistrés du Yorkshire et du Lancashire, le taux d'emploi est remonté à 76 % et le salaire minimum a augmenté de 40 % en cinq ans. Ce qui n'a rien changé aux traditions inégalitaires : le *Financial Times* notait il y a guère que depuis l'arrivée de Tony Blair au 10, Downing Street en 1997, les très grosses fortunes du royaume ont connu une hausse de 152 % ! Qui se douterait que 22 % de la population britannique vit au-dessous du seuil de pauvreté ? Et si vous vous attardez sur les pubs, les *fish and chips* de la rue principale de Trimdon, dans la circonscription du Premier ministre, tels que les a photographiés Derek Hudson pour *Le Monde 2*, vous vous persuadez aisément que le quotidien n'est pas rose pour tous.

JAGUAR MKII

MOTORSPORT
CLASSIC
V12

PART
ALIST
We also buy, restore and s
XK Jaguars, and have
established a worldwide
putation for quality
perience and the
ticularly personal

REAL
REPLICA

V

Une civilisation des loisirs

En matière de temps libre, c'est-à-dire celui que l'on ne consacre ni au travail ni au sommeil, les Anglais ont tout inventé. J'exagère un peu, un peu seulement. Faisons le compte : le sport ? Anglais. Les voyages organisés ? Anglais. La télé ? Anglaise. Le week-end ? Anglais. Reprenons et développons.

Avez-vous remarqué que les Anglais ne se plaignent jamais de leurs conditions climatiques ? La pluie, en toute saison, n'est pas un inconvénient mais une réalité aussi fondatrice que l'insularité. Il n'y a donc pas lieu de s'en insurger, même s'il est loisible à chacun de partir vers le sud à la recherche du soleil. Loin d'être ressentie comme un inconvénient, l'ondée apparaît comme un bienfait, en tout cas pour la domestication de la végétation. Car les Anglais excellent dans l'art du jardin, à l'égal des Italiens et des Français. Il n'est pas excessif de considérer l'Angleterre dans son entier comme un parc naturel dûment entretenu dont chaque citoyen peut prétendre détenir une part microscopique devant ou derrière sa propre maison. Il y a belle lurette qu'existe dans chaque village un magasin d'outils de jardin tenu avec la plus extrême compétence et la plus grande gentillesse. L'esprit de communauté, toujours. L'eau du ciel favorise la croissance végétale et compense la rareté de l'ensoleillement. Aussi verte que l'Irlande, l'Angleterre dispose en sa langue d'une infinité de vocables pour désigner les enclos, les râteaux, la lumière. Aux petites heures, la campagne semble un tableau impressionniste semé de taches multicolores, entre le solide et le liquide, comme une naissance du monde se stabilisant peu à peu. Les brumes et la rosée se dissipent, les clôtures et les haies apparaissent, les animaux s'éveillent, le mouvement et la vie reprennent. Un jour nouveau consacré au travail, mais avant qu'il ne débute, il n'est pas rare d'apercevoir un couple de cavaliers, de croiser sur une petite route sinueuse un spider demi-séculaire de couleur framboise ou banane. À l'exception des moteurs, l'Angleterre rurale de Fielding et de Thomas Hardy apparaîtrait intacte. Une littérature considérable lui est consacrée, romanesque ou journalistique. Dans un kiosque à journaux, il vaut la peine de s'arrêter au coin *Gardening*, pour contempler le nombre et la qualité des publications. Jardiner, à quelque échelle que ce soit, toucher la terre, n'est plus une distraction mais une façon d'être.

Attardons-nous encore un peu à notre kiosque. Autre département fabuleusement fourni, celui intitulé *Motoring*. Dans aucun autre pays ne paraissent autant de revues dévolues à l'automobile, à leurs nouveautés et à leur entretien, mais autant à leur gloire passée. Les Anglais ne sont point réputés pour leurs designers d'exception, ni pour leur sens du confort domestique. Pourtant, ce sont avec les Italiens les plus étonnants concepteurs d'automobiles propres à marquer durablement l'imagination et à entretenir une plaisante nostalgie. En matière de carrosserie, de profilage, d'équilibre des formes, les ingénieurs britanniques ne craignent personne. Non plus que pour ce qui touche la motorisation, cette combinaison si complexe de mécanique, de physique, de chimie. Longtemps on a brocardé, à juste titre, la non-fiabilité des moteurs sportifs anglais, ceux des Jaguar, des Austin Healey, voire des Morgan. C'est tout simplement que l'on n'avait pas compris l'essentiel : le bonheur, au volant de telles voitures, c'est précisément la panne, tout comme, pour le joueur, le plaisir est de perdre. Ceci n'est pas seulement un paradoxe à la Oscar Wilde. Ce soudain sifflement dans l'échappement, cet occasionnel hoquet de carburation, ce sous-virage chronique, cette tendance au dérapage vers la gauche ne constituent rien d'autre que la norme, ainsi que l'a plaisamment remarqué Jean-Paul Dubois, notre anglophile romancier. Les heures nécessaires au rétablissement d'un bon ordre provisoire ne procurent que de l'agrément, égal à celui qui consiste à prévoir ces incidents inévitables. De tels engins ne sont jamais figés, ils demandent des mains expertes, un temps et une patience infinis pour des réglages de toute façon transitoires. Et s'il ne s'agissait que du moteur ! L'humidité ambiante corrompt les tôles, les orages ont raison des capotes, la rouille s'insinue partout malgré la robustesse des alliages. Une voiture de sport anglaise, c'est un îlot de résistance face à des envahisseurs protéiformes et invisibles qu'il faut affronter avec une sérénité sans faille. Moyennant quoi, se reproduira éternellement le miracle qui veut qu'une fois le contact mis le moteur rugisse, qu'une fois le frein à main desserré l'objet s'élance dans une voluptueuse harmonie sonore. Très doués pour le masochisme, les Anglais n'ont pas craint de multiplier les sources d'inquiétude, inventant un moteur à douze cylindres, le fameux V12, dont on a du mal à concevoir, lorsqu'on l'observe de près, que les douze instruments en question puissent interpréter à l'unisson la même partition. De tels prodiges se produisent parfois, cependant. Alors, c'est comme une musique céleste qui s'élève des profondeurs, aussi agréable à écouter qu'à regarder fonctionner : un orchestre symphonique dont le chef demeurerait invisible. Pour équilibrer le jugement, on pourra cependant lire sous la plume de Denis Grozdanovitch le merveilleux récit qu'il offre de la perplexité d'un lord britannique devant le moteur de la DS 19 Citroën : « Ces Français, peuvent-ils faire les choses comme tout le monde ? »

À toutes ces merveilles correspond donc une presse spécialisée propre à faire pâlir l'amateur. Ce ne sont que rubriques historiques et techniques, illustrations fascinantes, les Anglais adorant parer leurs voitures de couleurs inhabituelles et pourtant de série. J'ai souvenir d'une Bentley écarlate garée devant le Savoy de Londres. Surtout, des pages et des pages de petites annonces désormais relayées par Internet. Non seulement, toutes les pièces, tous les modèles apparaissent disponibles d'occasion, mais il est désormais possible de se faire construire ex nihilo ou presque le modèle de son choix. Du temps de mes premiers voyages outre-Manche, il existait des berlines dont la ligne m'enchantait : la Morris Oxford et l'Austin Cambridge – la fameuse Boat Race, régate sur la Tamise qui oppose les deux universités, remonte à 1829 ! –, sœurs jumelles proches de notre Peugeot 404 mais dotées de sièges en cuir et de compteurs circulaires, la Riley 72 et la Wolseley Saloon, cette dernière pourvue d'un raffinement mémorable, un écusson de calandre qui s'allumait avec les phares, des Mini rallongées d'une malle arrière, enfin la merveilleuse Jaguar Mark II 3,8 litres. Eh bien, ces voitures fantasmées, on peut vous les refabriquer à la demande, nanties d'un moteur d'aujourd'hui. Un constructeur achètera pour vous un châssis d'origine et le remettra à neuf, la carrosserie et la sellerie revêtiront les options que vous choisirez, ce véhicule neuf élaboré en kit vous sera livré pour une somme guère supérieure au prix d'un modèle haut de gamme actuel. Un rêve, non ? N'empêche, il faudra que j'assiste un jour à la course d'automobiles anciennes de la ville de Prescott. Les modèles participants y sont paraît-il plus neufs que le neuf.

Tous ces hobbies exigent un temps fou. À croire que l'Angleterre avait prévu la civilisation des loisirs. Du moins l'a-t-elle organisée. C'est elle qui imagine les deux jours chômés consécutifs, le samedi et le dimanche. En France, cet aménagement s'appelle significativement « semaine anglaise » jusqu'à la guerre. Depuis, le mot anglais *week-end* s'est imposé. Même chose pour les voyages organisés en groupe, dont Thomas Cook prend l'initiative dès 1841, et que les Anglais ont plébiscité en hordes, suivis par les Allemands et les Hollandais. Quant à la télévision mondiale, elle a pour ancêtre la BBC, instaurée dès 1922, et qui a joué un rôle considérable au cours de la guerre dans la résistance civile britannique. La conception anglaise de la radiodiffusion et de la télévision stipule la concurrence entre organismes publics et privés, mise en place des décennies avant qu'intervienne en France la fin du monopole de l'ORTF.

Le sport. Un mot français d'origine, un concept tout à fait anglais. Il est à peine exagéré de considérer qu'Albion a inventé toutes les disciplines, à l'exception en gros du judo, de l'escrime et du basket. Mais le sport, ce n'est pas une liste d'activités physiques, c'est avant tout, une fois encore, un état d'esprit. Ce sont les collèges et les écoles privés, les universités qui en ont décrété les règles et organisé la pratique, le football et la boxe étant seuls ouverts aux classes laborieuses. Un culte de l'affrontement des corps, une libération de la sauvagerie originelle qui, pour être tolérée, exige un règlement de fer. Le sport parodie la guerre mais aussi la lutte pour la vie, voire la lutte des classes. Un dérivatif planifié sur lequel les Anglais ont génialement greffé l'idée de loyauté, ce fair-play librement consenti et supposé empêcher que le combat ne dégénère. Et tout cela au milieu du dix-neuvième siècle en une période de formidable expansion économique, ce qui explique que les sports britanniques se soient dans l'ensemble imposés au monde entier. À vrai dire, je reste sceptique quant à la constance du fair-play de nos amis : n'importe quel international de rugby français, familier des joutes du tournoi des Six Nations, confirmera qu'en mêlée, les Anglais n'obéissent à aucune règle. Néanmoins, il existe bel et bien un respect musclé de l'adversaire, un goût de la compétition, un refus de la défaite jusqu'à la dernière seconde. Denis Lalanne, le chantre inspiré des combats rugbystiques, a raconté l'histoire de cet ancien ailier anglais qui au jour de sa mort confiait dans un dernier souffle : « Il était bien valable, l'essai que je leur ai marqué. »

L'Angleterre ne règne plus sur le sport, elle cherche en vain depuis des décennies un successeur à Fred Perry, vainqueur dans le simple messieurs du tournoi mythique organisé à Wimbledon par l'All England Lawn Tennis and Croquet (Croquet [*sic*] et non pas Cricket) Club. Même si elle a pu préserver à son profit quelques avantages anachroniques qu'on veut bien consentir à la nation fondatrice. Ainsi de la présence des îles Britanniques dans les compétitions de sports collectifs : le Royaume-Uni demeure le seul pays représenté par quatre entités autonomes qui ne correspondent à aucun État, l'Angleterre, l'Écosse, l'Irlande du Nord et le pays de Galles. On peut se demander ce que vaudraient des équipes de Grande-Bretagne en rugby ou en football. Cependant cette particularité ne s'applique pas aux sports individuels. Ne me demandez pas pourquoi !

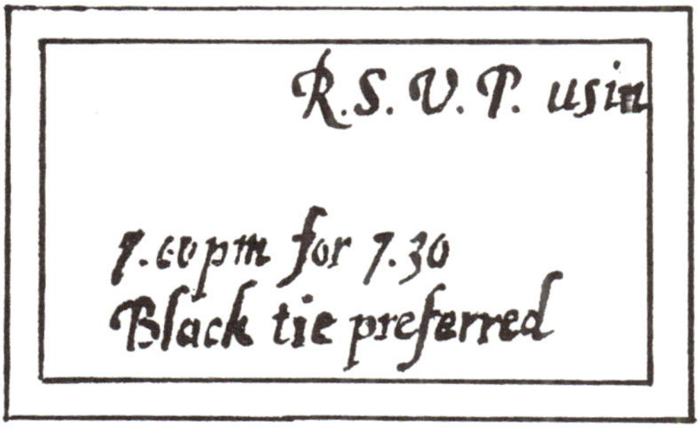

TUXEDO

B. DISRAELI

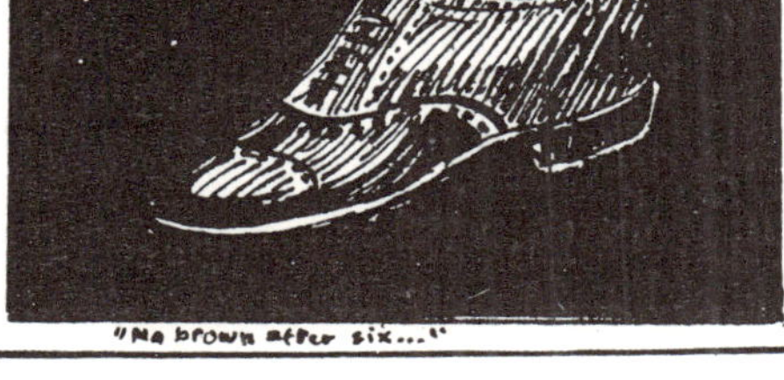

"No brown after six..."

VI

Humour et snobisme

Ces constantes de l'esprit anglais que sont l'humour et le snobisme, il est temps que je vous en révèle le secret. En fait, elles sont une seule et même notion. L'humour et le snobisme, c'est ce que nous, Français, appelons le deuxième degré, c'est-à-dire cette façon légèrement décalée d'user du vocabulaire ainsi que des codes sociaux. La réalité s'impose à nous avec une brutalité parfois blessante. Aussi éprouvons-nous le besoin de l'aménager au gré de notre sensibilité. L'humour atténue les angles et traduit une attitude réflexe, il porte sur les mots. Le snobisme agit de même, mais sur les comportements. Dans les deux cas, le propos est d'introduire un sas de décompression entre le réel et l'humain. La lumière des faits nous aveugle quelque peu, aussi aimons-nous à en ombrager la portée.

Pour des motifs divers, on a voulu conférer à l'Angleterre la paternité de ce comportement. Comme cela est curieux ! Il me semble que Socrate, en ses propos provocateurs à l'endroit du tyran comme de ses disciples, usait déjà très exactement et du snobisme, et de l'humour. C'est qu'il y avait quelque danger à instiller le doute, par la dialectique, quant aux fondements mêmes de la cité, il fallait habiller un raisonnement aussi corrosif que l'acide, aussi menaçant pour les piliers de la concorde sociale. Cependant, il n'existe aucun point commun entre l'Athènes de Périclès et l'Angleterre élisabéthaine, qui voit se caractériser la double attitude en question. De fait, si l'Angleterre ne l'a pas inventée, en tout cas l'a-t-elle identifiée et agrégée à son idiosyncrasie (j'aime ce mot, savant en français, commun en anglais, qui désigne les traits de caractère d'un individu ou d'une collectivité). Si vous êtes lecteur du *Monde* depuis trente ans au moins, vous vous souvenez sans doute des merveilleuses chroniques quotidiennes qu'y publiait alors Robert Escarpit, professeur de littérature comparée à l'université de Bordeaux. Romancier irrévérencieux à ses heures, angliciste patenté, Escarpit publia en 1960, dans la collection « Que sais-je ? » un précis sur l'humour. Quatre ans plus tard, au sein de la même collection, Philippe du Puy de Clinchamps se penchait sur le snobisme. L'un comme l'autre parvenaient à celui-là même qui incarne idéalement l'humour snob ou le snobisme humoristique, William Makepeace Thackeray (1811-1863), contemporain et rival de Dickens. C'est l'auteur consacré du *Livre des snobs* en 1848, suite d'esquisses ironiques stigmatisant la jalousie envieuse des bourgeois à l'égard de l'aristocratie. Des vignettes à l'eau forte dans l'esprit de Molière et de La Bruyère. Qu'importe si Escarpit écrit : « Il est aussi difficile de définir un snob que de définir l'humour. C'est qu'un snob est précisément un anti-humour, un homme dépourvu de la conscience comique de son personnage et qui se fabrique trop sérieusement une identité de pacotille. » Non, il n'est aucune antinomie entre snobisme et humour, ce sont là, une fois encore, des parades comportementales que chaque pays adapte à ses propres références. On conviendra de bonne foi qu'une telle disposition d'esprit sied bien à l'Angleterre. À peine connu en France, mais aussi réputé dans son pays qu'un Ronald Searle à l'exubérante inspiration, le savoureux Osbert Lancaster (1908-1986), caricaturiste et romancier, a fait vivre exemplairement l'analogie humour/snobisme. Avec son allure à la Major Thompson, grosse moustache et sourcil levé, il a croqué de ces *clubmen* légèrement décatis et de ces ladies enchapeautées qu'aucun caprice de l'histoire ne pourra jamais altérer.

« Un art d'exister », note Escarpit. Et qui va loin. Il baigne l'éducation à l'anglaise, et au-delà, le mode de relations sociales. Puisque le réel est susceptible de nous offusquer, il importe d'en aménager le choc. « *Please, behave !* », que l'on pourrait traduire par « On se tient ! », est un mot d'ordre aux enfants qui ne saurait se circonscrire aux seules bonnes manières. Se tenir, c'est parer à toute éventualité, c'est garder en réserve un salutaire recours à l'humour. Empirisme, scepticisme : gardons-nous de l'imprévu, n'excluons rien du pire qui peut venir de partout, des autres, du continent. Moyennant quoi, les Anglais ont édicté des principes valables en toutes circonstances et sous toutes les latitudes. Humour, snobisme, toujours. « *No brown after six* », « Pas de brun après six heures du soir ». Ce précepte, qui s'applique aux chaussures, constitue une exemplaire métonymie de la mentalité anglaise. On ne saurait porter de souliers bruns à l'heure des cocktails. C'est ainsi, il n'y a pas lieu d'argumenter. Au reste, pour ledit cocktail, on s'habille. Ce qui veut dire smoking pour les hommes, robe longue pour les femmes. De fait, on ne va pas porter de chaussures marron avec un smoking. Il est vital que de telles traditions perdurent toujours et partout, afin de désarmer l'éventuel. Entre soi, échangeant les mots de la tribu, on bannit le risque. Et puisque l'Empire britannique s'est étendu à la terre entière de par la souveraineté linguistique anglaise, le maintien de la tradition, aujourd'hui encore, reste aisé. Dans les lodges du Kenya comme dans les bars des grands hôtels de Melbourne, dans les clubs de Calcutta comme dans les palaces des British West Indies (Antilles britanniques), le plancher doit être d'acajou, le whisky frappé, les hommes en *black tie* (smoking n'a jamais été un mot anglais). Nul doute que les conversations tarderont à prendre un tour personnel « *Never explain, never complain* », ne jamais expliquer ni se plaindre, selon le précepte que l'on attribue le plus souvent au Premier ministre préféré de Victoria qui le fit lord, Benjamin Disraeli, lequel fut au moins autant écrivain qu'homme politique, ainsi que l'on s'en persuade à la lecture de son *Tancrède ou la nou-*

velle croisade, récemment traduit en français un siècle et demi après sa parution à Londres, par les soins de Frédéric Gesse. Dans une postface éclairée, le traducteur souligne : « Toute l'œuvre et toute la carrière de Benjamin Disraeli se placent sous le signe de l'excentricité. Il est l'*outsider* qui n'aurait jamais dû arriver, et qui remporte la course. Sans fortune personnelle, sans assise sociale, portant dans son nom le stigmate de son origine, alors que les Juifs n'ont pas le droit de siéger au Parlement, jusqu'à la fin de sa vie perçu par ses compatriotes comme étrange et étranger, il accéda aux plus hautes fonctions de la plus puissante des nations de son temps. » Disraeli, c'est Brummell, l'arbitre des élégances, c'est Baudelaire vingt ans avant Baudelaire. L'un de ses amis le décrit de la sorte : « Il est arrivé dans Regent Street, à l'heure de la plus grande affluence, en redingote bleue, pantalons militaires bleu pâle, bas noirs à bande rouge, et chaussé de souliers bas ! Les gens, m'a-t-il dit, s'écartaient pour me laisser passer. C'était comme l'ouverture des flots de la mer Rouge. »

CHARLES SPENCER CHAPLIN

ALEC GUINNESS

Elton John

David Bowie

SIR LAURENCE OLIVIER

VII

La patrie du théâtre

Au commencement était Shakespeare. Ce dernier, en une nouvelle métonymie, fournit un synonyme à la littérature anglaise, du moins pour le théâtre et pour la poésie. Équivalents : Dante, pour l'Italie, Cervantès pour l'Espagne, Goethe pour l'Allemagne. Leurs ombres portées transcendent les siècles, leur souveraineté absolue leur confère un rôle-source, on n'a jamais fini de s'y abreuver. Je ne vois pas d'écrivain français ou russe de même acception, de même légitimité. Pourtant, la littérature anglaise est loin de commencer avec Shakespeare, lui-même un parmi beaucoup d'autres dramaturges élisabéthains, les Ben Jonson, Beaumont, Middleton, Fletcher, Marlowe, Dekker. L'abondance et la diversité de ses œuvres théâtrales l'ont néanmoins imposé de son vivant, quelle que demeure la difficulté reconnue d'accès à sa langue. Et puis la vie privée de Shakespeare, son aventure picaresque comme actionnaire du théâtre du Globe, sa carrière avortée de comédien le rapproche de notre Molière, chef de troupe devenu auteur pour alimenter sa compagnie. La scène, ce sont au moins autant les interprètes et le public. À ces égards, l'Angleterre témoigne d'une continuité sans faille : toujours les Anglais ont révéré le théâtre et le spectacle vivant, le cirque, le ballet. Le plus grand clown de notre époque, Charles Spencer Chaplin, avait vu le jour à Whitechapel, au cœur des faubourgs miséreux de l'East End de Londres. Quel autre personnage, toutes disciplines confondues, a pu connaître une renommée aussi universelle ? En cela, il existe une parenté entre Shakespeare et Chaplin, l'un et l'autre capables d'émouvoir tous les publics. Et d'où provient cette rumeur vieille comme le cinéma selon laquelle les acteurs anglais, tous venus de la scène, sont les meilleurs du monde ? Assertion excessive, bien sûr. Mais il est vrai que l'on ne saurait nommer un mauvais comédien anglais. Leur formation serait-elle à ce point éminente ? Hormis Gordon Craig et Peter Brook, il n'est guère de théoricien anglais de l'apprentissage théâtral.

Depuis les Burbage jusqu'à David Garrick et Edmund Kean, de Herbert Beerbohm-Tree à Charles Laughton, de John Gielgud à Peter Ustinov, de Cary Grant à Ralph Richardson, une tradition de la perfection, dans le drame comme dans la fantaisie. Ils peuvent tout jouer. Au cours des années 40 et 50, le producteur Michael Balcon avait eu l'heureuse idée d'en réunir un bon nombre dans de savoureuses comédies d'humour noir mises en scène par des cinéastes à leurs débuts. C'est des studios Ealing que provinrent de parfaits chefs-d'œuvre d'ironie menés par Alec Guinness (*Noblesse oblige*, *L'Homme au complet blanc*, *Tueurs de dames*, *De l'or en barre*), par David Niven (*La Loterie de l'amour*), Basil Radford (*Whisky à gogo*), Stanley Holloway (*Passeport pour Pimlico, Tortillard pour Titfield*). J'ai eu très tôt la chance de prendre la mesure d'une telle excellence. Retour à Chichester, Sussex, pendant le festival de théâtre aux beaux jours, il y a une quarantaine d'années. Au programme, *Oncle Vania* de Tchekhov, interprété, en anglais il va de soi, par Michael Redgrave dans le rôle-titre et par sir Laurence Olivier dans celui du médecin Astrov. J'ai quatorze ou quinze ans, et si je n'ai pas tout compris de la pièce de Shakespeare découverte la veille, *Love's Labour's Lost* (*Peines d'amour perdues*), je ne perds pas un mot de la chronique douce amère de Tchekhov. Il se produit en moi l'un de ces éblouissements définitifs. Je quitte la salle dans un état de prostration intense, je sais que je ne me délivrerai plus de ma vie de la désespérance résignée des deux personnages, non plus que de l'humanité inaltérable que leur ont conférée leurs interprètes. Et moi qui ne suis alors que timidité et qu'inhibition, je prends le parti d'aller parler à Laurence Olivier. Me voici devant la porte arrière de ce théâtre moderne posé au milieu d'une pelouse, c'est l'entrée des coulisses qu'emprunteront ensuite au fil des années les Alec Guinness, John Gielgud, Ingrid Bergman, Alan Bates. Un garde éloigne les curieux. Je lui explique ma situation de jeune Français éperdu. Il me demande de l'attendre, il va questionner le grand comédien. « Sir Laurence vous attend. » Et moi qui vous parle, ou plutôt qui vous écris, j'ai vécu cette scène exceptionnelle. Je frappe à la porte, j'entre dans la loge du plus célèbre comédien anglais de son temps. Il est là, aux côtés de son épouse, la comédienne Joan Plowright, que j'avais vue deux jours plus tôt dans *Sainte Jeanne* de Bernard Shaw. Et je n'ai aucun souvenir de ce que nous nous sommes dit. J'imagine que l'émotion m'empêcha de me montrer disert, mais je suis certain de lui avoir témoigné mon admiration. Il a souri et m'a proposé de l'accompagner jusqu'à sa voiture, où nous poursuivrions notre conversation. Nous sommes passés devant le garde pour gagner sa limousine, une Daimler Majestic gris métallisé, rangée sur l'herbe rase. Mr et Mrs Olivier se sont assis côte à côte, j'ai pris place sur un strapontin leur faisant face, et sir Laurence – je n'oublierai jamais ni sa voix, ni sa façon de prononcer sa langue – m'a interrogé, m'a écouté. Quand je les eus laissés, j'ai suivi des yeux leur voiture, les lumières du théâtre étaient toutes éteintes, je suis resté seul immobile un très long moment.

Bien des années après, j'ai acheté d'occasion un merveilleux petit livre de Bernard Delvaille consacré à Londres. Il y évoque les pas sur les pelouses ouvertes des parcs anglais, l'odeur un peu sure qui se dégage à la fin de l'été des feuilles jaunies déjà tombées et la douce mélancolie qui gagne peu à peu. Comme il a bien su traduire, à son insu, le sentiment qui m'avait envahi au sortir de cet entretien mémorable.

La tradition dramatique se poursuit. De nos jours, Alan Ayckbourn est joué dans le monde entier, tout comme la mortelle Sarah Kane, prêtresse de tous les excès. Mais dans le domaine du spectacle, le pays n'excelle pas seulement par la scène. David Bowie, Phil Glass, Elton John, Peter Gabriel, Brian Eno, Pete Doherty, Andrew Lloyd Webber, le groupe Coldplay ou le chef d'orchestre Simon Rattle et son disciple Daniel Harding et tellement d'autres en matière musicale, sans oublier que c'est à Londres que se tournent les films publicitaires les plus inventifs, dont les artisans partent ensuite faire carrière à Hollywood.

HSBC · TOWER

CHESTER. STANLEY PALACE

LONGLEAT

EUROSTAR

VIII

Une destination touristique

Depuis un millénaire, exactement depuis l'expédition victorieuse de Guillaume le Conquérant en 1066, l'Angleterre redoute l'envahisseur et vit dans cette fièvre obsidionale qui n'a pas peu contribué à forger le caractère de ses citoyens. De tout temps ils ont su que leur territoire serait objet de convoitise. L'île britannique principale, de taille modeste et très densément peuplée, a vu naître des générations de marins et d'explorateurs. Et, de cette île, il faut s'échapper pour conquérir le monde, pour aller vers le soleil et les mers chaudes, pour asseoir jusqu'aux antipodes le bien-fondé de sa civilisation. Sans trop d'états d'âme : la colonisation des Indes, pendant laquelle les Anglais inventèrent les camps de concentration pour y parquer les opposants indigènes, en est une démonstration. Au début du dix-neuvième siècle et pour une centaine d'années, Londres règne sans partage sur l'économie du monde occidental, avant que l'Allemagne prussienne, puis les États-Unis la concurrencent. La France est devancée. Londres figure la métropole de l'Ouest, comme aujourd'hui New York. Les Anglais ont de la ressource, ils savent en marins avertis ce qu'est un coup de tabac. Passablement KO au cours des années 70 et 80, de nouveau dépassé par la France, son rival continental historique, le Royaume-Uni s'accommode à la perfection de la fin du millénaire, profite de la fièvre spéculative et reprend un leadership à ses yeux naturel. Le produit intérieur brut britannique représentait 75 % de son équivalent français en 1980. En ce dernier quart de siècle, il a progressé de plus de trente points, pour passer aujourd'hui à 110 % ! La richesse annuelle par habitant au Royaume-Uni excède de 1500 euros celle de la France, le taux de chômage y est deux fois plus faible et celui de l'emploi sensiblement plus important, 71,8 % contre 62,8. Quant au taux directeur de la Banque d'Angleterre, qui détermine largement la localisation des placements étrangers, il est aujourd'hui le double de celui de la Banque centrale européenne.

À cet égard, la destinée de la HSBC apparaît exemplaire. Écoutons ce qu'en dit Marc Roche, que *Le Monde* a significativement intronisé son correspondant dans la seule City de la capitale britannique : « Dans le nouveau quartier d'affaires de Canary Wharf, le logo octogonal rouge et blanc qui frappe le sommet de la tour de la HSBC surplombe les banques de la City. Les couleurs de l'ex-Hong Kong and Shanghai Banking Corporation sont là pour rappeler l'incroyable odyssée de cette banque fondée en 1865. Son slogan – "une banque locale présente dans le monde entier" – annonce la couleur. Rapatriée à Londres en 1992 à la suite de l'acquisition de la Midland puis de la Republic National Bank, du Crédit Commercial de France et de la Banque Hervet, du mexicain Bital et de l'américain Household, l'établissement est aujourd'hui le troisième groupe bancaire au monde avec des activités dans soixante-dix-neuf pays, une clientèle de 210 millions de personnes ! HSBC entend bien devenir le numéro 1 mondial devant les américains Citigroup et Bank of America. »

Étonnant retournement de situation ! Pendant des décennies, les Anglais quittent leur île en masse, conquièrent et peuplent l'Amérique, le sous-continent indien, l'Océanie. Aujourd'hui, après avoir accueilli en égaux ses sujets d'outre-mer, la Grande-Bretagne est devenue la plus attrayante destination pour les immigrés de toutes provenances. Qu'importe si leur langue, leur religion, leurs mœurs n'ont rien à voir avec la tradition britannique, si le coût de la vie sur place dépasse l'entendement et la norme moyenne européenne. Un traitement social indulgent de ce phénomène migratoire accompagné d'un arsenal juridique plutôt ouvert, la richesse intrinsèque du pays, sur les rives de la Tamise avant tout, ont transformé Londres en un nouvel eldorado, on y vient de partout, pour y passer, pour y rester. Même si, au début 2005, le Premier ministre travailliste Tony Blair a lancé un plan sévère de contrôle de l'immigration, encore renforcé après les attentats de l'été. Le modèle multiculturel britannique a sans doute vécu, encore que le président du Conseil des imams ait pu déclarer récemment : « Il n'y a pas de meilleur endroit au monde pour être musulman. » Tandis que l'un d'entre eux au contraire, l'extrémiste Abou Zaïr, sujet de Sa Majesté, subordonnait aux valeurs islamiques toute allégeance à la Couronne et à la nation. Et qu'une musulmane née en Ouzbékistan était élue Miss Angleterre 2005 !

C'est bien Londres, la vraie capitale de l'Europe d'aujourd'hui, lieu géographique du *melting-pot* mondialisé. Les bobos et les rastas voisinent à Notting Hill, et les Anglais de deuxième génération venus du Commonwealth se sentent autant *british* que « Paki » (Pakistanais) ou « West Indian » (Antillais). Qui aurait pensé que ce pays en matière de sport largement aussi chauvin que le nôtre (trait qu'on appelle en anglais, *jingoism*), et volontiers xénophobe à sa façon, accueillerait désormais comme les leurs ces talents exceptionnels du football que sont nos compatriotes Eric Cantona, Arsène Wenger ou Thierry Henry ? L'un des clubs les plus brillants de la capitale, celui du quartier huppé de Chelsea, est devenu la propriété de l'oligarque russe Abramovitch, son entraîneur José Mourinho est portugais, ses joueurs vedettes sont tchèques comme le gardien de but Cech, islandais ou ivoiriens comme les attaquants Gudjohnsen et Drogba. Dans les tribunes, la bière continue de couler à flots, et le flux se poursuit dans les pubs après le match. Avant, aussi. Souvent. En semaine et le week-end, qui n'est plus de longue date soumis à l'abstinence religieuse. Ils boivent sec, les Anglais en leur île. Moins quand ils s'installent en France, où le coût de la vie, les services publics et l'agrément de l'existence quotidienne attirent de plus en plus de Britanniques en Périgord, en Normandie, en Limousin. Plus de cent mille, paraît-il. On comprend que paraisse désormais à Périgueux un périodique intitulé *French News*.

Dans le même temps, l'Angleterre a pris conscience de l'inversion radicale des flux sanctionnée par la fin de l'insularité. Eurostar, plus encore que le tunnel sous la Manche lui-même, a tout changé. La brièveté et la commodité du voyage ferroviaire, la modicité de son coût, rapprochent à ce point Londres de Paris et de Bruxelles qu'il n'est plus de raison suffisante de ne pas franchir le Channel. Car, ô paradoxe, ce n'est point l'avion qui a modifié la donne, mais le chemin de fer. Du coup, c'est l'Angleterre dans son ensemble et non plus sa grande ville uniquement qui prend conscience de son patrimoine touristique, qui l'ouvre sérieusement au public et qui le fait savoir. Sans concurrencer encore les chiffres de l'Europe méridionale, le Royaume-Uni a appris à sourire aux visiteurs, organisant des expéditions saisonnières pour profiter des soldes de ses grands magasins londoniens. Et, à l'exemple de l'Italie et de la France, il développe un programme efficace de mise en lumière de son passé culturel.

Un pont de pierre, un cours d'eau, une gloriette de pierre blanche, des parterres de fleurs violettes, un ciel chargé : ce paysage pictural si bien rendu par l'aquarelle prévaut à travers l'Angleterre tout entière. On le trouve dans les parcs, innombrables, publics ou privés, dépendances des châteaux de l'aristocratie pour la plupart ouverts au public sous l'égide du National Trust. Dans le désordre, il faudra passer un moment dans la demeure des ducs de Devonshire, à Chatsworth (Yorkshire), de ceux de Marlborough à Blenheim (Oxfordshire), des Rothschild à Waddesdon (Buckinghamshire). Il faudra se perdre parmi les massifs, les tonnelles, et les topiaires disposés par les jardiniers savants Lancelot « Capability » Brown, Humphrey Repton ou Gertrude Jekyll et leurs disciples à Stowe, à Stourhead, à Longleat, à Knebworth. Et comment se fait-il que les cathédrales anglaises, Peterborough, Lincoln, Wells, Durham, aussi anciennes, aussi pures de lignes que celles de Chartres, de Reims, de Strasbourg ou d'Amiens, ne bénéficient point de la même curiosité ? Connaissez-vous les maisons à colombages de Warwick, de Chester, de Hereford ? Et les vestiges romains du mur d'Hadrien, avec ses fortins numérotés ? On y parvient par Newcastle, son port aux eaux maculées, ses entrepôts aux murs noircis, ses hangars déserts. Pas folâtres, les bords de la Tyne, je suis obligé d'en convenir. C'est sous la chaussée actuelle de la ville que naissent les vestiges de ce mur entrepris par un empereur las de tous les combats. Et c'est loin, à plus de cent kilomètres vers l'ouest, à Carlisle sur la mer d'Irlande, qu'il se termine, une modeste muraille de Chine à l'échelle de l'Europe, cheminant entre lacs et collines, en pleine lande.

C.KEELER

IX

Sex appeal

No sex please, we're british : c'est le titre d'une comédie anglaise restée des années à l'affiche d'un théâtre londonien. Dont on peut rapprocher cette délicate phrase de San Antonio : « Il n'existe pratiquement aucune différence entre un Anglais en érection et un Italien impuissant ». Et pourtant, le *sex appeal* est bien une expression anglaise appelée à une destinée universelle, tout comme l'adjectif *sexy*. Mais il en faudrait bien plus pour se convaincre que le pays est celui du sexe. En l'occurrence, il s'agirait plutôt d'une obsession négative au sens propre. Longtemps, l'Anglais a nié le sexe. L'éducation strictement séparée des garçons et des filles a produit les mêmes effets que chez les lointains ascendants athéniens, du Portique de Zénon ou du Lycée d'Aristote : une homosexualité scolaire fort répandue, vécue comme quasi naturelle. On connaît le plaisant aphorisme selon lequel « en Angleterre, rien n'est fait pour les femmes, pas même les hommes ». Hypocrisie ? Sans doute, au point que l'adjectif « victorien » véhicule un net coefficient sexuel, que son incarnation par Oscar Wilde illustre avec désespoir. Pourtant, les robustes mœurs rurales de l'Angleterre des *squires* et des *parsons,* des nobliaux et des pasteurs du dix-huitième siècle, tels que nous les décrivent Goldsmith, Sheridan, Sterne, ne paraissaient guère affectées par une excessive pruderie. *Tom Jones*, le roman de Fielding comme le film de Tony Richardson qui s'en inspire, abonde en scènes d'une joyeuse lubricité.

Et le philosophe Jeremy Bentham, un contemporain de notre Beaumarchais et de notre Bernardin de Saint-Pierre, n'hésite pas à prôner dès 1770 la décriminalisation de l'homosexualité, alors passible de pendaison. Cet esprit éclairé, apôtre d'un utilitarisme étendu aux mœurs, défend la libre circulation des corps comme des biens au nom de l'intérêt supérieur de la société. À l'aube du romantisme, les débauches en tous genres d'un Lord Byron, loin de desservir sa gloire, en font au contraire le modèle absolu d'une génération, et qui marquera le continent européen tout entier (et rendra Chateaubriand atrocement jaloux).

Faut-il qu'en ce domaine se produise également un retour du balancier des convenances ? Les peintres préraphaélites, seul mouvement pictural authentiquement anglais, ne représentaient-ils pas, au début de l'ère victorienne, une conception moralisante, assez mièvre pour tout dire, de la passion amoureuse ? Les femmes ne sont point en reste, les personnages de Jane Austen espèrent les troubles effusifs, ceux des sœurs Brontë les éprouvent sur le mode tragique, quant aux héroïnes de George Eliot, leur lot n'est pas non plus bien réjouissant. Ce siècle-là est bien celui de la guerre des sexes, d'une incompréhension d'ordre ontologique dont on ne s'affranchit pas facilement. La clandestinité sied à la pratique sexuelle, tant il est vrai que rien ne démontre chez les Anglais la moindre infirmité physiologique… À preuve, l'invraisemblable autobiographie parue sous le manteau à Amsterdam en 1894 sous le titre *Ma vie secrète,* et partiellement traduite en français en 1923. Son auteur ? Peut-être sir Henry Spencer Ashbee (1834-1900), qui se donne le pseudonyme de Walter dans ce journal de copulations riche de trois milliers de pages entièrement dévolues au récit détaillé d'étreintes de tous ordres. Sa lecture, des plus troublante, procure un effet comparable à celui qu'offre *Ulysse* de Joyce. Très vite, le tournis vous saisit, d'autant que Walter sait écrire. L'Angleterre d'alors ne souffre que d'un seul mal, la pudibonderie. À un an d'écart, David Herbert Lawrence en 1928 et Virginia Woolf en 1929 porteront le coup souhaitablement fatal à cette damnation anglaise. Avec *L'Amant de lady Chatterley* et *Une chambre à soi*, ces deux bienfaiteurs doublés de grands écrivains célèbrent la légitimité de l'intime, son autonomie, sa beauté. Et pourtant, comment se persuader qu'il ait fallu attendre la mort d'Edward Morgan Forster, en 1970, pour que paraisse son roman *Maurice,* rédigé vers 1912 et donc publié en 1971 seulement, selon la stricte volonté de son auteur, qui y traitait ouvertement de l'homosexualité ? Peu auparavant, le « scandale Profumo », qui révéla la liaison entre un secrétaire d'État et une prostituée de haut vol, n'ébranlait plus guère que pour des raisons politiques : simultanément Miss Christine Keeler fréquentait un attaché militaire soviétique à Londres. On se trouvait bien davantage dans le climat de *L'espion qui venait du froid* de John le Carré, paru à ce moment-là, que dans celui d'*Emmanuelle.* Ce fut sans doute la dernière alerte d'un puritanisme périmé. Combien de jeunes Européens s'étaient-ils alors déjà rendus dans le Swinging London et y avaient-ils abandonné leur pucelage ?

BELIEVE IT OR NOT
It's NOT the worst-ever summer
SATURDAY. AUGUST 14, 1965

X

Pluies

Il pleut toujours le dimanche, déjà cité plus haut, est donc le titre d'un film néoréaliste de la fin des années 40. Mais en Angleterre, il ne pleut pas seulement le jour du Seigneur. De scrupuleux statisticiens s'efforcent régulièrement de démontrer que l'eau du ciel n'arrose pas davantage Londres que Paris ou Amsterdam, sans parvenir toutefois à dissiper ce qui est bien davantage qu'une légende, mais une disposition culturelle. Le temps qu'il fait, c'est la pluie qui tombe. Tout autre condition météorologique ressortit à l'exception, qui sera commentée dans les conversations matinales qui valent ouverture de la journée. Cette particularité climatique de toujours a naturellement façonné l'édification du pays et le caractère de ses habitants. Elle les a aussi prémunis contre l'envahisseur et, depuis peu relativement, elle les a incités à aller en masse voir ailleurs le soleil. Oui, il pleut beaucoup sur Albion, cela lui sied. La végétation s'y porte à merveille, ainsi que l'art de sa domestication. Et du coup, on a vu naître une gamme sans équivalent de vêtements destinés à se protéger, mackintosh et waterproof, trench-coat et burberry. On aime à brocarder les chapeaux qu'arborent d'éternité les femmes de la bonne société, avec leurs couleurs de bonbons. C'est que l'on oublie qu'ils revêtent une dimension utilitaire face aux intempéries, au même titre que le melon désormais disparu lui, mais que l'on croisait encore abondamment dans la City il y a une ou deux générations. L'humidité s'insère partout, elle a longtemps caractérisé les intérieurs britanniques de toute classe, et ce n'est que récemment que les chauffagistes du cru semblent s'être efficacement alignés sur leurs confrères du continent. Il pleut sur la brique des pavillons semblables des banlieues, sur les jardinets impeccablement bêchés, sur la mer grise. Et comme elle vient naturellement, cette envie de la tasse de thé brûlant à laquelle pendant des siècles les Anglais ont cédé quinze ou vingt fois par jour. *A nice cup of tea*, le lait d'abord, toujours : c'était un rite, un moyen d'entrer en communication et d'abolir les distances sociales. Aujourd'hui, les Anglais boivent moins de thé que de café, comme tout le monde.

La mer alentour, partout proche. Le littoral, les plages. En été, il n'est pas anormal d'espérer se baigner. Seulement, l'eau est sempiternellement froide, le soleil caché et de toute façon insuffisant pour la réchauffer, la pluie inévitable. Ces obstacles, radicaux pour tout autre qu'un Anglais, ce dernier n'hésite pas à les affronter. Combien de stations balnéaires décourageantes, il y fait sombre et froid même si les massifs ordonnés, sur le front de mer, débordent de fleurs. J'ai souvenir d'un été à Cromer, dans le Norfolk, d'un hôtel de briques rouges dominant la plage, avec ses bow-windows engageants. Une volée de marches donnait accès à la jetée, et plus bas au rivage. Un agencement parfait, auquel manquait l'essentiel. Alors, c'était sous la petite pluie insinuante, le crachin genre breton, que l'on se sentait contraint de descendre vers les flots. Une cabine téléphonique ornait le bout du *pier*, ultime refuge que l'on atteignait déjà trempé. D'aimables baigneurs plus déterminés que moi, la peau enduite d'une crème protectrice superfétatoire, saisissaient cependant les degrés menant à la mer pour s'y plonger, et affecter alors une expression de profonde satisfaction. On frissonnait pour eux, on se hâtait de regagner le salon, d'y attendre le passage des heures avant la tombée de la nuit. Elle ne tarderait pas.

Mais quoi, la pluie convient à l'Angleterre comme le soleil à l'Italie ! C'est une valeur refuge, le gage de ce fameux esprit de corps. On s'en protège et ce faisant, on se rapproche. Le collectif naît de la pluie alors que le soleil favorise l'individualisme. Avez-vous remarqué qu'à l'instar des Touaregs du Sahara, les équipes sportives anglaises ont adopté la couleur blanche ? Tout comme l'ensemble des joueurs de cricket et la plupart des rameurs. Il s'agit d'oblitérer l'adversité climatique, de ne la considérer que comme un élément du jeu. Il pleut. Le gris du ciel c'est le gris de la mer, de laquelle, comme la déesse, a jailli Albion. Une divinité mouillée idéalement aquarellée par Turner. Je sais que l'omniprésence de la pluie est l'une des fortes raisons de ma dilection pour l'Angleterre. À Liverpool, où les Beatles débutèrent il y a près d'un demi-siècle, j'ai vu le dôme vert-de-gris du Port of Liverpool Building et les oiseaux qui couronnent le Royal Liver Building, fiers témoignages d'une défunte prospérité, recevoir des trombes d'eau tandis que les réverbères s'allumaient d'orangé. J'ai vu la grève de Torquay soudainement striée sous l'orage, et la surprise des habitués contraints de refluer vers leurs hôtels centenaires. J'ai vu à Oxford les barques de la rivière Cherwell hâtivement recouvertes de bâches et remisées sous le pont de Magdalen College. Et la même scène à Cambridge au bord de la Cam, non loin de l'homonyme Magdalen College ! Et j'ai vu, à Carlton Gardens, la statue du général de Gaulle ornée comme par ironie d'une goutte d'eau perlant au bout de son nez de bronze.

Sir Peter Ustinov

-F.W. Rolfe-

XI

De l'excentricité

Étymologiquement, l'excentricité désigne ce qui se trouve éloigné du centre, ce qui existe à la périphérie de l'essentiel. Par extension, l'excentrique, c'est celui qui n'est pas comme les autres. Cette virtualité d'être différent a trouvé en Angleterre l'une de ses contrées d'élection. C'est l'un de ces paradoxes qui enchantent l'anglophile. Au pays de la cohésion sociale par excellence, des mœurs uniformément adoptées, il est cependant loisible, il est toléré de s'en abstraire. Je me souviens parfaitement que, lorsque je commençai à apprendre l'anglais au lycée, un professeur éclairé nous avait mis en garde. En Angleterre, toutes les fantaisies vestimentaires sont acceptées, il convient de ne point se retourner sur un passant d'apparence inhabituelle. C'est le même paradoxe. Les Anglais ont pendant des siècles respecté un code vestimentaire immuable, assez austère, tout en admettant sans réticence que d'aucuns arborent un habit jaune citron ou une crinoline transparente. Mais ces écarts n'auraient qu'un intérêt anecdotique s'ils ne se circonscrivaient qu'à la mise.

L'Exception et la Règle : c'est une pièce de Bertolt Brecht. On pourrait écrire qu'en Angleterre, l'exception, c'est la règle. Commençons ensemble une promenade au pays de l'excentrisme, arrêtons-nous sur certaines de ses figures les plus pittoresques. Peut-être avez-vous déjà connu le privilège d'être confronté à sir John Soane. Architecte de la banque d'Angleterre, qui en conserve aujourd'hui encore l'enceinte originelle, John Soane (1753-1837), adoptait dans sa pratique un style classique. Beaucoup moins dans la sphère privée. Pour s'en convaincre, il suffit de visiter sa demeure, ouverte au public, toute proche de Lincoln's Inn Fields, dans le quartier londonien de la justice. Notre homme était un collectionneur éclectique qui légua à l'État son hôtel particulier édifié en 1812, à condition qu'il ne fût en rien modifié. En vertu de quoi, le visiteur ne manquera pas d'être pénétré par l'atmosphère singulière qui y règne du sous-sol au dernier étage. Un peu comme dans ces films d'horreur produits par la firme Hammer pendant les années 50. Soane était un accumulateur, un maniaque expert en trompe-l'œil et en jeux de miroirs, qui savait mettre en scène littéralement les objets innombrables disposés selon des thèmes de prédilection. Vous passerez de la Chambre sépulcrale au Parloir du moine, de la Crypte aux Catacombes et vous découvrirez des tableaux de Canaletto et de Turner, le sarcophage d'albâtre de Séti Ier, le portrait de votre hôte par Lawrence, une édition complète de l'*Encyclopédie* de Diderot et d'Alembert…

Lytton Strachey (1880-1932) n'avait pas par hasard fréquenté l'université de Cambridge, berceau avéré de l'homosexualité, de l'espionnage et de l'anticonformisme. Au tournant du siècle, certains des étudiants les plus radicaux y constituèrent une sorte de société secrète, les Apôtres, dont plusieurs membres devaient ensuite se regrouper à Londres dans le quartier de Bloomsbury, à deux pas du British Museum. Que de talents au sein du « groupe de Bloomsbury », ce phalanstère bouillonnant où s'interpénètrent les sexualités, les philosophies, les canulars : Virginia et Vanessa Stephen, leurs futurs époux l'éditeur Leonard Woolf et l'historien d'art Clive Bell, l'économiste John Maynard Keynes, les peintres Roger Fry et Duncan Grant, les romanciers David Garnett et E. M. Forster. Tous unis par une pensée socialisante et l'impérieuse exigence de donner corps à une nouvelle ère artistique succédant à la chape victorienne. De ces esprits libres, Strachey est le plus brillant. Voici son portrait par Patrick Mauriès, lui-même anglophile et excentrique magnifique, à qui l'on doit, par les livres qu'il a publiés ou édités, la mise en évidence de tant de marginaux inspirés : « Lytton Strachey était grand et maigre, voûté, au point de prêter facilement à caricature ; les traits délicats, le nez aquilin, la peau très pâle, ivoirine, contrastant avec une barbe taillée au carré, les cheveux lisses et fins. Son regard que protégeaient de petites lunettes cerclées d'or, était vif et inquisiteur, en dépit d'une timidité maladive que l'on prit souvent pour un détachement hautain et de la froideur. Il parlait d'une voix flûtée, haut perchée, et qui prenait un timbre beaucoup plus grave et profond lorsqu'il se trouvait en privé. » Strachey aimait la France des Lumières et ne détestait pas tant la reine Victoria et son époque, à quoi il consacra des essais biographiques et psychologiques assez proches au fond quant au style de ceux de son contemporain Stefan Zweig. Mais Strachey était aussi adepte de la vignette contrastée, il en recueillit plusieurs dans l'un de ses derniers ouvrages, *Portraits in Miniature*, dont les héros sont précisément des excentriques. Parmi ceux-ci, l'obscur Lodowick Muggleton, tailleur et prédicateur sous Cromwell, et qui se voyait en Antéchrist…

De douze années plus jeune que son ami Strachey, David Garnett appartenait donc lui aussi au groupe de Bloomsbury, mais préférait les femmes. C'est à son futur beau-père Duncan Grant qu'il dédie en 1922 un roman immédiatement traduit en français par André Maurois, l'incomparable *Femme changée en renard*. Le titre de cet ouvrage, plus laconique encore en anglais qu'en français, *Lady into Fox*, plus explicite aussi, donne au lecteur à lire les lignes suivantes : « En entendant passer la chasse à courre, Mr Tebrick pressa le pas pour atteindre la lisière du bois d'où l'on avait chance de bien voir les chiens. Sa femme resta un peu en arrière ; et lui, prenant sa main, commença presque à la traîner. Avant qu'ils eussent atteint la lisière, elle arracha violemment sa main de celle de son mari, de sorte qu'il tourna violemment la tête. À l'endroit où sa femme avait été un instant plus tôt, il vit un renard d'un rouge très vif. » La suite à l'avenant, imperturbable. Mrs Tebrick s'est muée en animal, à son époux de s'adapter à cette nouvelle donnée...

Demeurons dans ce registre cynégétique en compagnie de Siegfried Sassoon (1886-1967), ce héros de la Première Guerre qui, touché et décoré, refusa de regagner le front, échappa à la cour martiale avant que d'être à nouveau blessé au combat. À propos de la chasse au renard, et plus largement de la vie à la campagne, au sujet de la guerre également, ses *Mémoires de chasseur de renards* sont irremplaçables. Époque bel et bien révolue : le mercredi 15 septembre 2004, il s'est produit à la Chambre des communes un événement sans précédent. En plein débat sur l'interdiction de la chasse à courre au renard, cinq militants favorables à cette tradition trois fois séculaire ont osé faire irruption au milieu des élus. Néanmoins, trois cent cinquante-six députés ont voté l'interdiction définitive, cent soixante-six s'y sont opposés. Même en Angleterre, les choses ont une fin. L'animal roux n'a cependant pas fini de hanter la conscience des Anglais : une statistique récente signalait ainsi que plus de trente mille renards auraient trouvé refuge dans la capitale !

Ainsi que l'a écrit Robert Escarpit, cité plus haut et à qui rien de ce qui venait d' Albion n'était indifférent, « la famille des Sitwell forme à elle seule un groupe littéraire ». Edith et ses frères Osbert et

Sacheverell, tous trois nés vers 1890, ont décrit à l'eau-forte le monde des lettres et de la sociabilité huppée. La première, *Les Excentriques anglais*, demeure une merveille. Le ton compassé, légèrement distant, illustre exactement l'art tout *british* de la litote, le fameux *understatement. Stone faced,* impassible, elle évoque une série de vieillards disparus dans leur cent trentième année vers 1770, l'hydropathe Lord Rokeby, qui, au sens propre, passa sa vie dans sa baignoire, ou encore John Mytton, accablé d'un hoquet invincible et épuisant. Pour enfin s'en débarrasser et convaincu qu'un grand choc serait nécessaire, il met le feu à ses vêtements et meurt carbonisé. Quant au valeureux capitaine Thicknesse, il laissa un testament qui commençait ainsi : « Je laisse ma main droite que l'on coupera après ma mort, à mon fils Lord Audley. Je désire qu'on la lui envoie avec l'espoir qu'elle lui rappellera ses devoirs envers Dieu, après qu'il a si longtemps négligé ce qu'il devait à un père qu'il aima autrefois si tendrement. »

Pour peu que l'on entretienne le goût de l'excentricité littéraire, ce qui est le cas de l'auteur de ces lignes, et forcément de ses lecteurs, la Grande-Bretagne propose, aux marges de l'histoire principale, une prodigieuse théorie de doux dingues talentueux. On s'attardera un moment, et plus si affinités, en la compagnie de Frederic William Rolfe, qui s'était auto-octroyé le titre de baron Corvo. Barbouilleur d'oriflammes, séminariste dévoyé, adepte de Corydon, il est d'abord l'auteur de *Hadrien VII* dans lequel il se dépeint en souverain pontife. Heureux ceux qui ont eu la chance de voir Claude Rich le grand interpréter ce rôle au théâtre ! Pour écrire ce paragraphe dévolu à Corvo qui mourut à Venise, d'où provenait celle qui, à l'en croire, lui avait légué son pseudonyme, je retrouve une biographie du bonhomme traduite chez Gallimard il y a un demi-siècle, œuvre d'un certain A. J. A. Symons. Je ne puis en reproduire ici la longue introduction, par un Norman Birkett manifestement familier de l'auteur. Pourtant, il se produit alors le fameux phénomène de la mise en abîme. Il semble en effet que Symons, biographe de Rolfe, ne fut pas moins excentrique que son modèle. Et quand s'achève ladite introduction, lui succède un non moins captivant « Souvenir », dû à un Shane Leslie. Je n'ai rien lu de plus explicite sur Cambridge et Bloomsbury, sur cette formidable aspiration à une imagination libérée de contraintes qui prévalait alors en ces cercles. Enfin – mise en abîme, oui vraiment –, et alors que l'ouvrage lui-même n'est toujours pas commencé, une « note liminaire » convoque les héritiers d'Oscar Wilde !

On ne manquera pas d'opérer un autre arrêt auprès de Ronald Firbank, de sa *Princesse artificielle*, de sa *Fleur foulée aux pieds* et surtout de ses *Excentricités du cardinal Pirelli.* Pas question non plus d'omettre Max Beerbohm, dont le frère fut l'un des grands interprètes de Shakespeare à la scène. Qui connaît *L'Hypocrite heureux*, ce « conte de fées pour hommes fatigués » qui revêt exactement la grâce inquiétante du *Portrait de Dorian Gray* d'Oscar Wilde, dont il est contemporain ? L'Italien Mario Praz en tout cas, qui apparaît comme leur meilleur complice dans ses essais érudits à la Larbaud. Et combien d'autres encore, les Kitchin, les Bashford, les Galton, sans oublier nos contemporains Will Self ou Edward Saint Aubyn, dont les livres portent des titres à la Sempé, *Never Mind* (*Peu importe*), *Bad News* (*Mauvaise nouvelle*), *Some Hope* (*Après tout*).

Qu'on n'imagine pas cependant que la littérature soit le seul réceptacle de la marginalité d'outre-Manche. Pendant des années, Gerard Hoffnung a organisé au Royal Festival Hall de Londres des « soirées de caricature symphonique » proprement irrésistibles. Au cours de ces concerts publics semés de fausses notes et de pièces classiques détournées, on pouvait entendre des solistes hurluberlus jouer de l'heckelphone ou du serpent-contrebasse, Hoffnung lui-même se réservant l'usage de certain tuba sub-contrebasse… Aujourd'hui, Richard Wilson, l'un des YBA, ces Young British Artists menés par Damien Hirst – rien à moins d'un million d'euros… –, n'hésite pas à étendre une nappe de pétrole brut dans les salles d'exposition les plus à l'avant-garde, tandis qu'à 96 ans, Irene Sinclair vient de commencer une carrière de mannequin pour les produits de beauté Dove. Bien des jardins conçus par le paysagiste Russell Page, par Lady Salisbury, la « déesse verte », et ceux de Vita Sackville-West, l'amie de

Virginia Woolf à Sissinghurst, arborent leur quotient d'excentricité. À l'instar de la particulière idée de la mode féminine que se font Vivienne Westwood et John Galliano, ou du comportement du grand précurseur de l'intelligence artificielle, devenu sujet d'un film hollywoodien, le très inquiétant Alan Turing (à l'écran, Russell Crowe). Quant à deux des plus récents, des plus *fashionable* restaurants londoniens, le Spoon et le Sketch, ce sont autant leurs lieux d'aisances que leur art culinaire qui a retenu l'attention de la presse… L'exemple provient de la Couronne : on a récemment annoncé le lancement sur le marché d'un shampooing bio conçu par le prince Charles, à base d'essences de rose et de citron. Voyez aussi comme Glen Baxter sait associer au dessin le plus linéaire les intrigues les plus insensées, parcourues de personnages en lévitation et de ladies aux étranges manières : chaque page, chaque incident résume la notion même de décalage, qu'illustre également à la perfection le photographe Martin Parr. Canapés en bouclette, napperons de bouillonné, couvre-chefs à voilette : *England forever.*

À présent, je voudrais convoquer ici la figure totalement oubliée de Richard Massingham (1898-1953), réalisateur de films, absent de toutes les histoires de cinéma et pourtant l'un des plus authentiques créateurs de formes du septième art à l'anglaise. Il fut du groupe réuni par l'Écossais John Grierson dans les années 30 et 40, sous la singulière égide de l'administration des postes britanniques, le

GPO (General Post Office). Une unité de production cinématographique y fabriquait de remarquables films documentaires sur des sujets d'intérêt général, le logement, la santé, les transports. C'est en son sein que se formèrent les jeunes talents de Humphrey Jennings, de Basil Wright, de Norman Mc Laren, encadrés par l'Américain Robert Flaherty, le Brésilien Alberto Cavalcanti : une véritable école sociale d'un cinéma de vérité, dont la valeur et l'utilité se révéleront pendant la guerre, où les cinéastes expliqueront aux spectateurs comment résister à l'offensive allemande dans leur vie quotidienne. Au nombre des collaborateurs de cette école sans équivalent, Richard Massingham, dont Jean Queval, un Normand très anglais, esquissait de la sorte le portrait : « Il fut médecin et solidement établi dans cet état jusqu'à sa quarante-troisième année. Puis en 1940, il fonda une petite société de production, la Public Relations Films. Ainsi fut-il en mesure de réaliser nombre de courts métrages, très courts, des commandes du secteur public ou privé. Ce sont des bandes rapides où le prétexte publicitaire est absorbé dans la philosophie du pessimiste tombé de très haut. Pourquoi la vie est-elle ennuyeuse et contrariante ? Acteur de ses œuvres, Massingham n'agit pas, il réagit seulement. Le paysage du désastre incompréhensible se déroule alors sur un visage humain. » C'est que Massingham traite de sujets positivement intraitables : comment se moucher sans risquer l'infection, comment économiser l'eau en prenant un bain, comment s'assurer de la livraison à la bonne date de nos colis de Noël ? Moi qui ai vu presque tous ses films, je peux attester de leur prodigieuse inventivité, de leur drôlerie, même de leur poésie.

Sir Peter Ustinov nous a quittés il y a peu, regretté de tous. Si le cosmopolitisme devait porter un nom propre, ce serait sans doute celui de ce citoyen britannique né à Londres d'une mère d'origine française et d'un père russe de nationalité allemande, et dont les ascendants provenaient également d'Éthiopie, du Liban, d'Argentine et d'Italie. Génie précoce paré de tous les dons, un peu comme Orson Welles ou comme Sacha Guitry, il est couronné à vingt ans comme dramaturge et comédien. Particulièrement à l'aise dans l'interprétation de personnages veules et inquiétants, cet ambassadeur permanent de l'Unicef s'impose à Hollywood en Néron salingue de *Quo vadis ?*, en couard répugnant de *Spartacus.* Et comme il savait la fouetter, Martine Carol, dans *Lola Montès,* à l'instigation malicieuse du réalisateur Max Ophuls ! Metteur en scène, il passe de l'opéra au septième art, écrit pour la scène mondiale un toujours charmant *L'Amour des quatre colonels* et donne à Hercule Poirot son incarnation définitive. Le jour de sa mort, le *Times* publie un tout récent portrait de celui que le journal définit de la sorte : « Fantaisiste, comédien et écrivain, il prit le monde dans ses bras pour susciter le rire et la compréhension. » La photo d'Ustinov le représente assis sur un canapé de la même couleur brique que son costume. Les bras posés sur une canne, il porte des chaussettes jaunes et des mocassins noirs. Le cheveu blanchi en désordre, l'index levé, il sourit, fatigué. Un excentrique, un vrai, formé à la *public school* de Westminster, qui collectionnait les vins et les peintres anciens, qui conduisit une Hispano-Suiza et un coupé Delage, qui barrait en expert son ketch *Nitchevo* sans négliger un légendaire coup droit au tennis. N'affirmait-il pas avoir mené face au numéro un mondial de l'époque, l'Australien Rod Laver ? Et d'expliquer qu'au premier échange, il retourne miraculeusement le service de son adversaire qui n'en attendait pas tant : 0-15… Aussi célèbre pour ses reparties qu'un Oscar Wilde ou qu'un Bernard Shaw, cet imitateur hors pair avait ainsi déclaré qu'il jouait « beaucoup mieux de la flûte sans flûte ». Mobilisé en 1942, il demande à être affecté dans les chars, « pour arriver assis sur le champ de bataille ». Anobli par la reine en 1990, il est convié à Buckingham Palace : « L'invitation était ainsi formulée : "Rayer la mention inutile : je suis en mesure de m'agenouiller/je ne suis pas en mesure de m'agenouiller". Mais il n'y avait rien pour ceux qui sont capables de s'agenouiller mais incapables de se relever. » Apprenant sa mort, le secrétaire général des Nations unies, Kofi Annan, a déclaré avec esprit que le polyglotte « Peter Ustinov aurait fait un excellent secrétaire général, et aurait pu être le représentant permanent de chacun des États membres ».

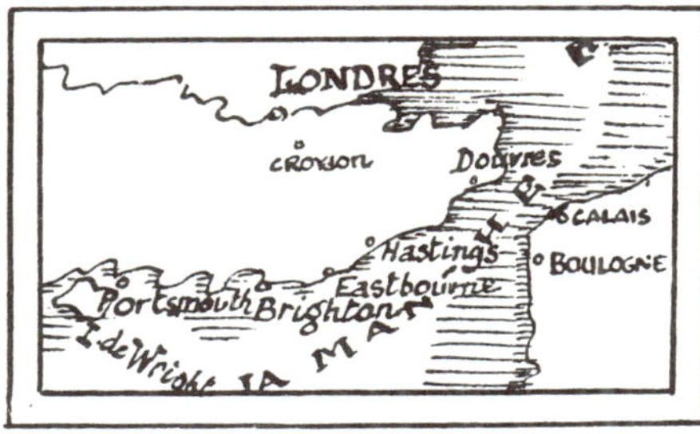

VOLTAIRE

TAINE

MONTESQUIEU

A. MAUROIS

XII

Passeurs

Ce maigre détroit qui sépare Douvres de Boulogne, ces quelques milles marins que l'on peut franchir à la nage, divisent ou rapprochent deux philosophies de l'histoire, deux regards sur le monde. Influence réciproque, jalousie envieuse, alliance renversée, le tout étendu sur un millénaire. Des transfuges entre la France et l'Angleterre, entre l'Angleterre et la France ? Très peu au total, dus essentiellement à des motifs d'exil religieux et politique. En revanche, les passeurs ne manquent pas, cependant plus nombreux de Paris vers Londres que dans l'autre sens. Voltaire s'embarque pour l'Angleterre en 1726, il a trente-deux ans. Plusieurs fois embastillé, il est célèbre comme auteur dramatique et comme poète mondain. Accueilli à bras ouverts, il découvre une société inspirée par la liberté de penser et qu'il décrit non sans ironie dans les *Lettres anglaises,* significativement intitulées aussi *Lettres philosophiques.* Quel contraste en effet entre les emprisonnements nombreux que Voltaire a connus en France et la liberté totale dont jouit un Swift ! La vingt-troisième

Lettre anglaise compare avec brio le sort de ceux que Voltaire n'appelle pas encore des artistes, les gens de lettres, les savants comme les comédiens : « M. Addison a été secrétaire d'État ; M. Newton était intendant des monnaies du Royaume ; M. Congreve avait une charge importante ; M. Prior a été plénipotentiaire (...) ; on a trouvé à redire que les Anglais aient enterré dans Westminster la célèbre comédienne Mlle Oldfield : quelques-uns ont prétendu qu'ils avaient affecté à ce point d'honorer la mémoire de cette actrice afin de nous faire sentir davantage la barbarie, lâche injustice qu'ils nous reprochent d'avoir jeté à la voirie le corps de Mlle Lecouvreur. »

Le Montesquieu de l'*Esprit des lois* (1748) n'est pas moins admiratif du régime politique anglais fondé sur l'équilibre des trois pouvoirs, exécutif, législatif et judiciaire. Comparaison n'est certes point raison, du moins ces penseurs des Lumières éveillent-ils les Français : il existe outre-Manche une autre procédure de représentation populaire. L'époque napoléonienne fige les antinomies, même si Stendhal le Milanais ne déteste nullement Albion, d'où il ramène en 1817 un succinct et charmant *Voyage à Londres*, et s'il parsème ses *Souvenirs d'égotisme* d'heureuses réminiscences londoniennes. L'Angleterre du blocus continental, des coalitions et de Waterloo, demeure l'ennemie naturelle. Pourtant, c'est le neveu de l'Empereur qui la réhabilite en partie, lui qui l'a connue et admirée lors de ses premiers exils. Le futur Napoléon III a aimé séjourner à Londres, il y a apprécié la douceur de vivre et l'harmonie sociale. Il s'en souviendra, non sans maladresse, une fois le trône impérial conquis. C'est sous son règne que en 1860, M. Hippolyte Taine franchit la Manche. Journaliste occasionnel, mais surtout professeur et philosophe, âgé d'une trentaine d'années, il écrit beaucoup. Taine mêle l'histoire et la littérature, il pratique sans qu'on les désigne encore de la sorte l'anthropologie et le comparatisme. La pensée, les coutumes anglaises l'intriguent et l'inspirent. Lui décèle la singularité de la philosophie anglaise, le positivisme, l'idéalisme qu'il analyse au travers de Stuart Mill et de Carlyle. Surtout, il entreprend l'édification d'un monument, lui qui n'entretient cependant point une pratique éprouvée de la langue, cette *Histoire de la littérature anglaise* minutieusement publiée en quatre tomes, entre 1863 et 1864.

Je les ai devant moi, ces volumes jaunes de la Librairie Hachette, récit étendu doté de citations de la langue originale, de bibliographies et de tables des matières détaillées. Taine s'y révèle déjà un praticien des sciences humaines qui ne se cantonne pas seulement à une analyse critique des œuvres, mais aime à disserter sur le caractère, l'héritage, les mœurs. Une telle maîtrise intellectuelle confirme l'influence naissante de l'auteur, qui s'exercera jusqu'à la Grande Guerre. Sans doute existe-t-il un lien entre les débuts de l'Empire libéral et la publication de cette *Histoire*, qui impressionnera les Anglais eux-mêmes. À ma connaissance, une entreprise d'une telle ambition n'a été menée en France qu'une seule fois depuis, sous les auspices d'Emile Legouis et Louis Cazamian, dont le grand œuvre, un classique, demeure aussi indisponible que celui de Taine. Mais comme on l'a aimée ici, dans les années 30, la littérature romantique anglaise telle que racontée par André Maurois en ses biographies si légères et si documentées de Byron et de Shelley ! Encore un oublié, Maurois, à la mesure inverse de sa notoriété pendant l'entre-deux-guerres qui fit de lui le premier héritier littéraire de la nouvelle Entente cordiale, avec André Siegfried, le maître des sciences politiques.

Première Guerre mondiale : les Anglais et les Français pour la première fois côte à côte depuis des siècles. André Maurois sert comme agent de liaison auprès de l'armée britannique. En 1917, début de sa carrière d'écrivain avec *Les Silences du colonel Bramble,* « effort pour faire comprendre aux Français l'âme anglaise, aux Anglais l'âme française ». Grand succès pour ce merveilleux petit livre d'amitié et de gratitude envers les combattants alliés, semé d'officiers pittoresques, de situations cocasses et de remarques fort bien tournées. « Nous sommes un drôle de peuple, dit le major Parker. Pour intéresser un Français à un match de boxe, il faut lui dire que son honneur national y est engagé ; pour intéresser un Anglais à une guerre, rien de tel que lui suggérer qu'elle ressemble à un match de boxe. Dites-nous que le Hun est un barbare, nous approuverons poliment. Mais dites-nous qu'il est mauvais sportsman et vous soulèverez l'Empire britannique. » Aurelle, le double de l'auteur, confirme : « Vous êtes un drôle de peuple, par certains côtés, et vos jugements sur les hommes ne laissent pas parfois de nous surprendre. Browne, dites-vous, on le croirait idiot, mais c'est une erreur : il a joué au cricket pour le comté d'Essex. » Cinq ans plus tard, André Maurois donnait aux *Silences* une suite de la même eau, *Les Discours du docteur O'Grady*, et n'abdiqua jamais sa militante anglophilie. Une autre de ses plaisantes illustrations en est fournie par le très élégant petit volume que réédita le Mercure de France en 1962. Un gentleman vu de dos, chapeau melon, parapluie, journal roulé sous le bras orne la couverture verte et noire du *Côté de Chelsea*. Exercice de style, pastiche 1928 de Proust par Maurois, situé dans ce quartier smart de la capitale anglaise, où son héros croise quelques figures de l'intelligentsia, le diplomate Duff Cooper et son épouse Diana, les écrivains Hilaire Belloc, Maurice Baring et Arnold Bennett, le spirituel Harold Nicolson. Peut-être Winston Churchill força-t-il le trait lorsqu'il proféra à l'encontre de Maurois, qui avait passé la guerre en Amérique, ce mot terrible : « Nous croyions avoir à faire à un ami, ce n'était qu'un client. »

Valery Larbaud n'a jamais connu pour ses livres les tirages de Maurois son contemporain. Lettré, écrivant pour les lettrés, fortuné voyageant pour son plaisir, c'est-à-dire pour la découverte littéraire, Larbaud reste l'un des plus féconds passeurs entre la France et l'Angleterre. Riche héritier de la source d'eau minérale Saint-Yorre, élevé par une mère trop présente, grand lecteur de littératures étrangères dans leur langue originale, Larbaud traduit dès l'âge de vingt ans *The Rhyme of the Ancient Mariner* de Coleridge. En 1902, il est à Londres pour la première fois, à Hampton Court et à Oxford. Voyage désormais quasiment annuel, qu'il fait suivre de traductions et d'articles autour d'écrivains du second rayon comme William Ernest Henley, Coventry Patmore, Walter Savage Landor ou Samuel Butler. Cependant, son plus manifeste titre de gloire dans ses fonctions d'entremetteur parfaitement désintéressé, c'est d'avoir décelé le génie de James Joyce dès la parution d'*Ulysse* en 1922, et d'en avoir supervisé la traduction française. Anglophile déclaré, ce n'est pas simplement la littérature anglaise qu'il prise, à l'instar de son ami André Gide. L'Angleterre, il l'aime toute. En 1909, il séjourne dans le comté de Warwickshire, d'où il rayonne, le plus souvent à pied, vers Oxford, vers Rugby, vers Coventry, Stratford ou Chester. Il en tirera *Le Cœur de l'Angleterre*, que je tiens pour la plus intemporelle et la mieux ressentie des introductions à ce pays. « Je décris de tout petits villages, et ces hameaux loin des grandes routes, qu'on n'atteint qu'après avoir ouvert et refermé vingt ou trente barrières, des Claverdon et Yarningale… », écrit-il à l'un de ses amis. Qui d'autre que Larbaud a dépeint de la sorte la campagne anglaise ? « Une fois encore j'ai suivi les chemins incertains entre un réseau de haies fleuries. Derrières ces haies s'étendent les prairies et les champs d'orge, et ces foins coupés, qui depuis huit jours, parfument toute l'Angleterre, apportant jusque dans les ruelles et les taudis de Birmingham, l'haleine de la campagne. Le dimanche anglais, si triste dans les grandes villes, y est un jour vraiment béni. Au village, on sait qu'on va retrouver, tout à l'heure, les figures familières aux mêmes places, dans la même église. Si l'on ne va pas à l'église on trouve encore le dimanche dans les sentiers tranquilles. Les ombres semblent ne pas se hâter de tourner : personne ne viendra les déranger. Un oiseau qui commençait de chanter s'interrompt brusquement. » Mais qu'on n'imagine pas Larbaud en seul chantre aveugle d'un paysage rural de gravure. Le voici dans les quartiers pauvres de Birmingham : « Coudoyé par des gens vêtus de haillons boueux, je m'avance entre les maisons basses, dont la brique a pris une teinte brunâtre, fangeuse, bien plus sinistre encore d'aspect que la brique bleue que l'on emploie dans la construction des prisons anglaises. Oh, ces figures terribles, ces enfants aux joues ridées, ces hommes aux yeux fous et ces gueules de vieux ivrognes, couleur de cendre, sous des chapeaux de femmes – car ces ivrognes hébétés sont des femmes. »

Larbaud, un ami pour l'existence, un compagnon de veille et de voyage, un lecteur toujours curieux – « C'est si beau ce qu'écrivent les autres » –, gourmand visiteur des librairies de l'Europe, qui sut s'inventer un double au nom si mélodieux, Archibald Olson Barnabooth, lequel concluait ainsi la poésie qu'il dédiait à Londres, réunissant l'ailleurs et la littérature :

La rue luisante où tout se mire ;
Le bus multicolore, le cab noir, la girl en rose
Et même un peu de soleil couchant, on dirait…
Les toits lavés, le square bleuâtre et tout fumant…
Les nuages de cuivre sali qui s'élèvent lentement.
Accalmie et tiédeur humide, et odeur de miel du tabac ;
La dorure de ce livre
Devient plus claire à chaque instant ; un essai de soleil sans doute.
Trop tard, la nuit le prendra fatalement.
Et voici qu'éclate l'orgue de Barbarie après l'averse.

Pour services rendus à la cause de l'Angleterre, ses hommes, ses *landscapes* et ses écrivains, George VI aurait dû faire Larbaud officier de l'Empire britannique, « OBE »

N'est-il pas curieux qu'à l'instar de Larbaud, son aîné de sept ans, Paul Morand, ait aussi découvert l'Angleterre en 1902 ? Bientôt étudiant à Oxford puis attaché d'ambassade à Londres, c'est un familier authentique de l'art de vivre à l'anglaise. Quand les éditions Plon publient son ouvrage si personnel et si brillant sur la capitale britannique, elles lui offrent un lancement d'envergure, des affiches munies de ce slogan : « Londres par un écrivain qui a traversé cent cinquante fois la Manche. » À bord de paquebots à roues, au milieu de voyageurs de tous bords qu'il décrira de la sorte : « Tout ce beau monde allait à Londres afin d'y faire provision annuelle de sherry amontillado, de fusils Express pour la chasse au rhinocéros, de graines de gazon, de chapeaux de soie, de cobs irlandais, de havanes colorados, et de ces drivers de golf qui avaient gardé leur forme du dix-septième et ressemblaient à des cuillères de bois. » Morand ressent les villes comme d'autres les tableaux, New York, Venise, Bucarest. Son premier *Londres* paraît en 1933, il l'enrichit d'un *Londres revisité* trente ans plus tard. De la vie à l'anglaise, il sait prélever le juste ingrédient, tel ce goût des chiens qui demeure l'une des passions insulaires : « Le chien est le *missing link* entre l'Anglais et le reste des hommes. Ce matin, à l'Olympia, le colossal édifice est entièrement occupé par les toutous. Le hall présente une douzaine de terrains sablés, de la taille d'un court de tennis, où, amenés en laisse par leurs maîtres, les chiens défilent sous l'œil des juges et de quelques centaines de spectateurs assis en rond avec des mines de connaisseurs. Tout autour, les pavillons multicolores des fournisseurs où des commis en blouses blanches vendent shampooings, brosses, désinfectants, médicaments, le tout-pour-chien en un mot ».

L'esprit de Morand perdure au travers de certains écrits de Pierre-Jean Remy, qui fut lui aussi en poste diplomatique à Londres. Son *ABC romanesque et sentimental* de la ville ne se départ pas de la mélancolie qui convient lorsque l'on convoque un passé tout de plaisirs : « La dernière vision que j'ai eue de ma maison de Hanover Terrace a été celle d'une grande cage d'escalier encombrée de caisses, de cartons. Londres disparaissait tout entière avec le camion de déménageurs. J'avais eu deux maisons à Londres, je n'en avais plus nulle part. J'écrivais. » Le Quai d'Orsay, le Foreign Office : deux décennies plus tôt, Duff Cooper, l'ambassadeur de Sa Très Gracieuse Majesté à Paris, accompagné de Lady Diana, les amis de Maurois évoqués plus haut, œuvrent activement au rapprochement culturel et mondain des deux capitales. Quant à la romancière Nancy Mitford, couronnée de succès dans son pays, elle a choisi néanmoins Paris définitivement en 1946.

Je songe à d'autres artisans, moins présents dans nos mémoires, du rapprochement. Lord Henry Seymour dit « Milord l'Arsouille » sous la Restauration, et son héritier du Second Empire Richard Wallace, grands francophiles d'avant l'Entente cordiale, grands zélateurs de la capitale et de la vie françaises. Charles Du Bos, de père français et de mère anglaise, essayiste de l'intériorité noircissant dans le mal-être les milliers de feuillets d'un *Journal* dans les deux langues. Jean Queval (1913-1990), croisé plus haut, publia dans les années 50 un fort intelligent *De l'Angleterre*, où je m'étonnai qu'il ne se fût point installé à l'exemple de son ami Jacques-Bernard Brunius, l'une des voix des services en français de la BBC pendant la guerre. Il n'ignorait rien du hockey sur gazon, sport *british* s'il en est, non plus que des films documentaires du GPO, ces petits chefs-d'œuvre orchestrés par John Grierson avec le concours de la Poste britannique, et dont j'ai déjà parlé à propos de Richard Massingham. Lui aussi traducteur scrupuleux, il sut rendre en français les accents panthéistes dont John Cowper Powys avait paré ses *Enchantements de Glastonbury*. Philippe Daudy s'était, lui, décidé à quitter notre pays, et c'est dans les îles Britanniques, sa nouvelle patrie, qu'il rédigea le non moins pertinent *Les Anglais* (1989). Éditeurs de discernement et d'érudition, Gérard-Georges Lemaire et Gérard-Julien Salvy œuvrent méritoirement pour faire connaître en France leurs figures d'ombre de prédilection : dans le Paris des symbolistes et des naturalistes, George Moore, les peintres de la Fraternité préraphaélite pour l'un, Victor Sawdon Pritchett, Bernard Berenson et Violet Trefusis pour l'autre. Quant au dessinateur Floc'h, maître de la « ligne claire » chère à Hergé, il ne se contente pas d'arborer des gilets aux couleurs de son club londonien. Il illustre comme nul autre la mentalité anglo-saxonne telle que peut se l'approprier un Français.

La moindre des équités veut que j'adresse ici un salut à Julian Barnes. Ce fervent supporter de l'équipe de football de sa ville natale, Leicester, regarde de notre côté du Channel avec une sympathie et une compétence qui n'ont d'égales que celles de Theodore Zeldin, professeur à Oxford et historien inégalé des passions françaises. Barnes se fit connaître par une promenade complice dans les sentiers de l'œuvre de Flaubert et ne contribua pas peu à la légitimation d'une francophilie britannique jugée souvent suspecte. Comment ne pas frayer avec un écrivain dont le dernier ouvrage commence ainsi : « Je suis allé pour la première fois en France durant l'été 1959 à l'âge de treize ans. Jusque-là nous n'avions pas de voiture et je n'étais jamais sorti de nos îles, mais voilà qu'une Triumph Mayflower d'occasion gris bronze, devenue soudain abordable grâce à un prêt de deux cents livres, était garée devant notre maison. Elle me parut alors superbe ; l'année dernière, des autophiles britanniques l'ont classée parmi les dix voitures les plus laides jamais construites. » James Pope-Hennessy a mieux décrit notre Provence que quiconque. Douglas Johnson et Monica Charlot, universitaires mémorables, se sont trouvé avec la France comme une seconde terre natale. Et puis, en toute justice et gratitude confraternelles, je salue John Weightman, fils de mineur, traducteur de Lévi-Strauss, lui aussi collaborateur du service français de la BBC pendant la guerre, professeur, ami authentique de notre pays à qui l'on doit cet heureux aphorisme : « Chez les Français, il n'est pas poli de laisser tomber une conversation ; chez les Anglais, il paraît parfois impoli de la lancer. »

English is spoken
疯狂英语
剑桥少儿英语
招生

XIII

Le parler universel

Cela doit leur faire drôle, aux Anglais, d'être compris dans le monde entier. Mais non, en fait, cela ne leur fait rien, puisque à leurs yeux cela va de soi, tout comme à ceux de leurs cousins américains. « La Grande-Bretagne et les États-Unis sont deux nations qui ont beaucoup en commun, sinon leur langue », a dit un humoriste, à tort. La suprématie anglaise en matière linguistique, pour ce qui est en tout cas du monde occidental, s'affirme avec la révolution industrielle, et succède à la française, éminente dans les cours d'Europe aux dix-septième et dix-huitième siècles. On sait à quel point la maîtrise de l'expression modèle une manière de penser, et réciproquement. En effet, il y a confusion entre la cause et la conséquence. Puisque sur l'échiquier mondial de la rivalité historique entre les langues, c'est évidemment l'anglaise qui l'a emporté, c'est bien une conception anglo-saxonne du monde qui prévaut désormais. On pourrait dire en exagérant à peine que la manière de dire « non » dans une langue définit une ligne stratégique et politique, un type de comportement face à tout adversaire, une volonté hégémonique ou a contrario de partage de l'espace. Ce n'est évidemment pas seulement le perfectionnement des chemins de fer, des machines à tisser le coton ou à percer la houille qui explique à lui seul qu'au Paraguay aussi bien qu'au Laos on puisse se faire comprendre en anglais. Reste que la méthode de colonisation à l'anglaise, identique dans ses préceptes et ses applications sous toutes les latitudes, a fourni la deuxième raison de cette prééminence linguistique. Il en est d'autres, moins historiques, moins politiques, moins économiques.

D'abord, la langue elle-même. Au commencement, sur l'île comme dans l'ensemble du monde romain, était le latin, premier exemple d'uniformisation impérialiste à la hauteur d'un continent. Les envahisseurs anglo-saxons importent leurs dialectes vers le cinquième siècle. Les Vikings en font de même au premier Moyen Âge, suivis du grand ébranlement francophone accompagnant la conquête. C'est à ces échanges que la langue anglaise doit sa double gamme de dénominations, *ox* ou *beef* (le bœuf), *motherly* ou *maternal*, *to deem* ou *to judge*. Et c'est paradoxalement du français que provient la simplification de la grammaire anglaise, aboutissant par exemple à la suppression des déclinaisons. Successivement germanisée, scandinavisée et francisée, l'Angleterre dispose au treizième siècle d'un outil simplifié propre à créer de la littérature aussi bien qu'à influencer le monde. C'est qu'elle est fichtrement bien conçue, la langue des Anglais, plus facile que celle des Allemands ou des Français quant à la division des personnes, des locuteurs, accueillante à ce qui justifie une langue, c'est-à-dire la description d'une action : l'anglais accepte de transformer en verbe n'importe quel nom, en sorte que le monde est vite décrit. Sa syntaxe n'en est point trop revêche, et sa prononciation recevable par beaucoup puisque chaque lettre écrite vaut d'être dite. Ce qui ne veut nullement dire que l'anglais est une langue limpide. En revanche, tout le monde peut parler l'anglais, si peu le parlent bien. À l'instar du jeu d'échecs, dont les règles sont finalement assez simples, la pratique en est aisée, l'excellence en celle-ci, exceptionnelle. L'anglais, c'est un arsenal pétri de ressources dont chacun peut s'approprier un recoin qui sera suffisant pour mener rudimentairement la bataille élémentaire de la compréhension. Quelques centaines de mots aisément mémorisables, quelques dizaines de tournures et de modalités syntaxiques suffisent. Vous serez compris, globalement. L'anglais s'apparente à une trousse à outils, à un kit modulable que l'on peut diversifier à loisir, jusqu'à la dimension poétique, ô combien.

Il suffit de lire à voix haute les poètes anglais pour mesurer l'inattendue musicalité de notre idiome à tous, primaire ou secondaire. Nous venons en France de découvrir à nouveau Wystan Hugh Auden : cet ami, ce frère de Christopher Isherwood savait moduler les accents d'une poésie extrêmement concrète. Ainsi a-t-il écrit le commentaire de ce grand film d'une demi-heure de Basil Wright et Harry Watt, *Night Mail* (1936), consacré au train postal de nuit Londres-Edimbourg (celui-là même qui sera trente ans plus tard l'objet du « hold-up du siècle » conçu par un génie de la cambriole...). Écoutez-en les rythmes cadencés, si bien rendus en français par Jean Queval :

This is the night crossing the Border
Bringing the cheque and the postal order,
Letters for the rich, letters for the poor,
The shop at the corner and the girl next door,
Pulling up Beattock, a steady climb,
The gradient's against her but she's on time.
[...]
Letters of thanks, letters to Bank,
Letters of joy from the girl and the boy
Receipted bills and invitations
To inspect new stock or visit relations
And applications for situations
And timid lovers declarations
And gossip, gossip from all the nations,
News circumstantial, news financial
Letters with holidays snaps to enlarge it
Letters with faces scrawled in the margin
Letters from uncles, cousins and aunts
Letters to Scotland from the South of France
Letters of condolence to Highlands and Lowlands

Notes from overseas to the Hebrides
Written on paper of every hue
The pink, the violet, the white and the blue
The chatty, the catty, the boring adoring

The cold and official and the heart's outpouring
Clever, stupid, short and long
The typed and the printed and the spelt all wrong.

Thousands are still asleep,
Dreaming of terrifying monsters
Or a friendly tea beside the band at Cranston's or Crawford's,
Asleep in working Glasgow,
Asleep in well-set Edinburgh,
Asleep in granit Aberdeen:
But shall wake soon and long letters;
And none will hear the postman's knock
Without a quickening of the heart,
For who can bear to feel himself forgotten?

Voici le train de la poste de nuit franchissant les confins de l'Écosse/Apportant le chèque et le mandat/Des lettres aux riches, des lettres aux pauvres/Au commerce du coin à la fille d'à côté/Peinant à la pente rude de Beattock/Luttant contre elle pour un courrier ponctuel.

Remerciements, mots à la banque/Lettres d'exultation de la fille et du garçon/Factures reçues et invitation/À examiner une nouvelle affaire ou à visiter la famille/Et des demandes de situations/Timides déclarations et potins de toutes les nations/Nouvelles d'argent/Nouvelles de circonstances/Lettres chargées de photos de vacances pour qu'elles durent encore/Lettres pleines de visages crayonnées dans leur marge/Lettres des oncles, des cousins et des tantes/Lettres à l'Écosse depuis le sud de la France/Lettres de condoléances pour les Highlands et la

Basse-Écosse/Billets d'au-delà des mers vers les Hébrides/Écrites sur le papier de toutes les nuances/rose violet, blanc et bleu/Le bavard, le malicieux/L'adorateur ennuyeux/L'officiel et le froid ou le cœur épanché/Averti ou stupide, lapidaire ou diffus/Le dactylographié, l'imprimé/ou le tout de travers orthographié.

Des milliers dorment encore/Rêvant à des monstres terrifiants/Ou à un thé amical près de l'orchestre chez Cranston ou Crawford/Dorment dans l'industrieuse Glasgow/Dans Edimbourg bien établie/Dans le granit d'Aberdeen/Mais bientôt se réveilleront avides de lettres/Et nul n'entendra le facteur frapper/Sans un petit coup au cœur/Car qui peut souffrir de se sentir oublié ?

Au reste, combien d'écrivains d'origine non anglosaxonne ont choisi de s'exprimer dans cette langue ? Vidiadhar Surajprasad Naipaul, prix Nobel de littérature, né à Trinidad d'une famille indienne, la Bangladaise d'origine Monica Ali, l'Indien Salman Rushdie, le Soudanais Jamal Mahjoub, le Japonais Kazuo Ishiguro (*Les Vestiges du jour*), le Suisse Alain de Botton, le Nigérian Wole Soyinka, lui aussi prix Nobel, l'Autrichien George Steiner, l'Argentin Alberto Manguel, le Kenyan-Pakistanais Adam Zamegaad, l'Espagnol José Miguel Roig, le Trinitéen Lawrence Scott, le Zimbabwéen Chenjerai Hove, et tellement d'autres, tels les enfants de Roustshouk en Bulgarie, le précieux Michael Arlen, le très admirable Elias Canetti. Ce dernier, encore un prix Nobel, et dont l'autobiographie demeure l'une des plus puissantes du vingtième siècle, écrivait certes en allemand, mais avait choisi la nationalité britannique, il résidait à Hampstead et s'exprimait volontiers oralement en anglais. Point d'angélisme cependant : la librairie anglaise se concentre plus que jamais sur les best-sellers, et traduit de moins en moins de textes étrangers. L'anglocentrisme perdure.

Je tiens Hanif Kureishi, né à Bromley dans la banlieue résidentielle de Londres, pour l'un des plus passionnants écrivains anglais d'aujourd'hui. Sans rien renier de ses origines pakistanaises ni de sa dette à l'égard d'un père qui ne cessa d'écrire des ouvrages jamais publiés, Kureishi excelle dans le scénario, pour Stephen Frears (*My Beautiful Laundrette*), pour Patrice Chéreau (*Intimité*), pour Michel Blanc (*Mauvaise passe*). Quelle alliance séduisante d'humour et de sensibilité ! Kureishi s'exprime remarquablement quant à sa double ascendance culturelle. Il souligne à quel point sa génération, cinquante ans aujourd'hui, a été autant marquée par la musique des Stones et de Jimi Hendrix que par la littérature, et combien l'Angleterre diffère de la France dans son approche des phénomènes religieux. Il n'y existe aucune loi sur les uniformes scolaires, et l'on a du mal à concevoir que l'affaire du voile islamique ait à ce point mobilisé les consciences françaises. Une jeune Anglaise musulmane ne vient-elle pas de se voir octroyer le droit de porter le *jilbab*, cette longue robe traditionnelle qui cache mains et visage ? Il est vrai que son avocat n'était autre que l'épouse du Premier ministre ! Pour Kureishi, la Grande-Bretagne intègre peu à peu le multiculturalisme, et constate que les antipathies se sont transportées. À ses yeux, les Pakistanais sont aujourd'hui moins détestés que les Turcs, ce qu'il ressent presque comme une nostalgie…

C'est cet aspect-là, cette variété de gammes d'usage qui a également assuré le triomphe de la langue anglaise. Exactement comme pour le football, autre invention britannique à vocation universelle. Les règles du foot sont compréhensibles et recevables par tous, l'enjeu des parties immédiatement perceptible, tout comme la variété des fonctions sur le terrain. Les lignes arrière arrêtent le jeu construit par les avants d'en face. Un seul interdit majeur, toucher le ballon de la main. Pour le reste, chacun peut jouer au football, sur le petit écran en virtuel, sur le terrain, dans son jardin ou dans la rue, où cohabitent sans trop de douceur les tâcherons et les artistes. Car le foot, contrairement à une idée reçue, est aussi violent que le rugby…

Et puis la globalisation ne se circonscrit pas à l'économie, même si elle s'exerce majoritairement en anglais. L'évolution des mentalités en ce début de millénaire, on la mesure par la langue comprise de tous. Il existe enfin des termes pour définir sans les juger, sans les regarder en bonne ou mauvaise part, des communautés jusqu'alors excentrées. Partout, on parle des « Blacks » et des « gays », ces vocables anglo-américains effacent le malaise des lourdes périphrases. C'est que la langue anglaise est adéquate à toutes les régions du monde, même si elle leur est exogène. D'où l'influence encore prégnante de la Grande-Bretagne, via la BBC et son World Service, en particulier, dans les pays de l'ancien Empire. On y a combattu la métropole, durement parfois comme en Inde, mais elle demeure avec le temps la première des références. Certes, à l'échelle mondiale, les États-Unis ont succédé au Royaume-Uni depuis bientôt un siècle. Même langue, mêmes effets, accentués par l'émergence d'un réseau mondial d'échanges certes multilingue, mais très majoritairement américain. La prophétie du grand George Orwell, cet ancien flic qui vécut la guerre d'Espagne comme un combat personnel et imagina l'an 1984 dès 1949, s'est donc réalisée, mais sur un mode sensiblement moins sombre et moins aliénant qu'annoncé. Il n'est pas interdit de distinguer un progrès dans cette démocratisation, cette internationalisation de l'échange qu'autorise Internet. De ce point de vue, une telle innovation ressortit autant à l'idéologie, qu'elle supplante, qu'à la technique, qu'elle couronne. Le web, c'est le triomphe définitif de Shakespeare. Une toute récente étude du British Council ne prévoit-elle pas qu'en 2015, c'est 50 % de la population mondiale qui parlera ou apprendra l'anglais ? Trois milliards d'individus, parmi lesquels les Anglais parlant l'anglais d'Angleterre demeureront une minorité dialectale. Le *World English*, l'anglais mondial, l'aura emporté, il n'existera plus de prononciation reçue, cette *received pronunciation* qu'a toujours revendiquée, dictionnaire d'Oxford en renfort, le citoyen de Sa Très Gracieuse Majesté. Et pourtant chacun se comprendra.

Il n'est donc pas exagéré d'évoquer une hégémonie anglaise. Je viens de faire apparaître la figure de la reine, garante constitutionnelle de l'éternité britannique. À sa façon, Elizabeth II demeure une star, il n'est que de constater l'importance que la presse mondiale octroie aux *Royals*. Le destin de mon exact contemporain le prince de Galles, théoriquement promis à un règne perpétuellement reporté, relève d'une ironie propre à inspirer les grands dramaturges. Comme on l'a brocardé sous tous les rapports, cet homme d'apparente bonne volonté, ce francophile avéré, ce connaisseur en architecture que sa connotation intellectuelle a plutôt desservi ! C'est qu'en Angleterre, au contraire de la France, la stature intellectuelle, précisément, ne bénéficie nullement d'un a priori favorable. Il faut bien reconnaître en outre que Charles manque parfois de cette modestie un peu grise qui doit accompagner les mœurs des favorisés. Sa Maison entretient cent vingt-sept personnes à plein temps, et beaucoup ignorent que l'héritier du trône porte également le titre de duc de Cornouailles. De ce fait, comme tout futur souverain depuis 1337, il reçoit chaque année de ce duché théorique quelque douze millions de livres !

CHARLES DICKENS
DAVID COPPERFIELD
OLIVER TWIST
THE
POSTHUMOUS PAPERS
OF THE
PICKWICK
CLUB
CONTAINING A FAITHFUL RECORD
OF THE
PERAMBULATIONS, PERILS, TRAVELS, ADVENTURES

XIV

Le monde de Dickens

Comment le croire ? Charles Dickens, né en 1812, est le contemporain de Gérard de Nerval et d'Alfred de Musset. Je m'en voudrais d'avoir l'air d'établir une hiérarchie, tant *El Desdichado* et *Une soirée perdue* habitent de leur mélodie mon anthologie poétique personnelle. Reste que ce qui surprend dans ce rapprochement, c'est la concomitance du romantisme des Français avec le réalisme de l'Anglais. Notre premier romancier comparable à Dickens, par l'ampleur généreuse et par le sens de son époque, c'est Anatole France, lui aussi titulaire d'une gloire universelle de son vivant, inexplicablement oublié à ce jour, et qui naquit en 1844. Dickens, précurseur ? Et quand il le serait, ce mérite aurait-il suffi à le mener intact jusqu'à nous ? Non, nous ne saluons pas Dickens en fonction de la chronologie, mais au nom de l'émotion, et de la vertu qui fut la sienne à regarder, pour la première fois avec une attention constante, le monde de l'enfance, héroïque source d'inspiration. On peut vivre sans Oliver Twist, sans David Copperfield, sans Pip et sans

Samuel Pickwick, mais tellement moins bien ! Tel n'a pas été mon lot.

Longtemps, le soir, mon père nous a lu à haute voix les romans de Dickens, qui en écrivit quinze traduits à la perfection par les insurpassables Sylvère Monod et Pierre Leyris pour la Bibliothèque de la Pléiade, et que Gallimard tarde à rééditer. Une lecture qui s'apparentait à un feuilleton quotidien parfaitement bien venu, puisque c'est sous cette forme que parurent dans la presse tant d'œuvres de Dickens. Il paraît qu'il ne se vend pas, qu'il ne se vend plus de nos jours, lui qui écrivait de Paris à un ami : « Je vois mes livres en français dans toutes les gares de chemin de fer, grandes ou petites », lui que notre capitale fascina dès son premier voyage en 1844, et qui tenait les Français pour « le premier peuple de la terre ». Préfaçant la traduction de sa biographie de plus de mille deux cents pages, Peter Ackroyd écrivait en 1993, s'adressant à ses lecteurs francophones : « Il n'est sans doute pas nécessaire que je présente Charles Dickens de nouveau à la nation qui avait sa préférence. Elle le tient déjà pour un ami. J'espère seulement que ma biographie va augmenter la masse de connaissances utiles, tant sur l'homme que sur sa période, et qu'elle contribuera d'une certaine manière à faire comprendre la nature et le génie des Anglais en général. »

À douze ans, le jeune Charles Dickens travaille dans une fabrique de cirage, son père est en prison pour dettes. Quand il disparaît, épuisé, en 1870,

Charles Dickens est colossalement riche et mondialement célèbre, hautement estimé de ses pairs. Il est frappant de voir en effet que ses confrères romanciers se sont, de tout temps, penchés sur son œuvre : George Gissing, Gilbert Chesterton, George Orwell, André Maurois, Alain, Angus Wilson, David Lodge, Peter Ackroyd lui-même. Comme si le mécanisme romanesque dickensien défiait durablement l'entendement. De fait, Dickens possède comme Alexandre Dumas le talent d'inciter et de relancer l'intérêt de lecture. Feuilleton ? Mais oui, bien sûr, et combien il revêt de noblesse sous sa plume, ce genre populaire par excellence. J'ai envie de vous en rappeler l'évidence en citant le premier paragraphe de trois de ses romans.

David Copperfield : « Deviendrai-je le héros de ma propre vie ou bien cette place sera-t-elle occupée par quelque autre ? À ces pages de le montrer. Pour commencer l'histoire de ma vie par le commencement, je note que je suis né (on me l'a dit et je le crois), un vendredi à minuit. On remarqua que l'horloge se mit à sonner, et moi à crier, simultanément. »

Oliver Twist : « Entre autres édifices publics de certaines villes que, pour de multiples raisons, j'aurai la prudence de ne pas nommer, et que je ne désire pas non plus baptiser d'un nom fictif, il en est qui est commun à la plupart des villes, grandes ou petites, à savoir un hospice ; et c'est dans cet hospice que naquit, un jour dont je n'ai pas besoin de préciser la date. car elle ne saurait présenter aucune importance pour le lecteur, à ce point de l'affaire tout au moins – c'est dans cet hospice donc que naquit le petit mortel dont le nom figure en tête de ce chapitre. »

Le Mystère d'Edwin Drood, son dernier livre : « Une antique ville épiscopale anglaise ? Mais comment cette antique ville épiscopale peut-elle se trouver ici ? La tour carrée bien connue, massive et grise, de sa vieille cathédrale ? Comment peut-elle se trouver ici ? En réalité, de quelque point qu'on la considère, nul pique de fer rouillée ne se dresse dans l'air entre le regard et la tour. Quelle est donc cette pique qui surgit ici et qui l'a dressée ? Peut-être l'a-t-elle été par ordre du sultan pour y empaler un à un une horde de brigands turcs. »

Cependant c'est au tout premier ouvrage de Dickens, publié par livraisons alors qu'il n'a que 24 ans, que je ne cesse de revenir depuis l'enfance. Le titre complet de *Pickwick* vaut d'être rappelé dans son intégralité : *The Posthumous Papers of the Pickwick Club, Containing a Faithful Record of the Perambulations, Perils, Travels, Adventures and Sporting Transactions of the Corresponding Members*. Ces pérégrinations picaresques sont donc le fait de quatre personnages hauts en couleur, MM. Tracy Tupman, August Snodgrass, Nataniel Winckle et le président fondateur de leur club, Samuel Pickwick, Esq. (exquise survivance que cette formulation, « Esq. », abréviation de « Esquire » c'est-à-dire gentilhomme, et que l'on accole par égard ou par ironie, aujourd'hui encore, au nom de celui qui se prétend « gentleman »). Dickens va enchanter chaque mois ses lecteurs du récit des rencontres entre ces personnages naïfs et bienveillants et un monde bien âpre, où sévit ce qu'il n'appelle jamais la lutte des classes, et qui n'est autre que le monde réel, celui de l'Angleterre victorienne. Le style de Dickens repose sur l'*understatement*, la litote ironique : « Un observateur fortuit n'aurait peut-être rien remarqué d'extraordinaire dans le crâne chauve et les lunettes rondes, dans ce front où fonctionnait le cerveau gigantesque de Pickwick. Derrière ces verres scintillaient les yeux rayonnants de Pickwick, l'homme qui avait remonté jusqu'à leur source les imposants étangs de Hampstead, et qui avait bouleversé le monde scientifique par sa théorie des épinoches, calme et immobile comme les eaux profondes des premiers par un jour de gel, ou comme un spécimen isolé des secondes dans les recoins les plus secrets d'un pot de grès. »

Merveilleux épisodes, tels les fêtes de Noël à Dingley Dell, l'emprisonnement abusif de Pickwick, le trépas d'un pasteur ivrogne et animateur d'une association de tempérance, les déboires de l'excellent Tony Weller avec ses compagnes, ou encore l'apparition de cette prodigieuse figure d'escroc au langage si personnel qu'est Jingle. « "Mon gendre, tout est rompu", comme disait le gentleman dont la fille venait de s'écraser du sixième étage » : c'est par cet aphorisme plein de bon sens que se présente

Samuel Weller à Samuel Pickwick, le premier appelé à devenir, pour l'éternité, le fidèle domestique du second. Un millier de pages enchanteront ainsi le lecteur, qui devrait, comme je le vérifie depuis si longtemps, sentir selon le cas sa gorge se serrer ou le rire le saisir. Qui pourrait en découvrir les dernières phrases sans les conserver à jamais en mémoire ? « Le destin de la plupart des hommes qui sont mêlés au monde et qui atteignent ne fût-ce que le printemps de la vie, veut qu'ils se fassent nombre de vrais amis, et les perdent ensuite selon le cours naturel de l'existence. Le destin de tous les auteurs veut qu'ils créent des amis imaginaires, et les perdent ensuite selon le cours naturel de l'art. Tel n'est pas d'ailleurs le terme de leur infortune, car on leur demande encore de donner quelques renseignements sur ces amis [...] M. Pickwick lui-même continua à résider dans sa nouvelle maison, employant ses heures de loisir à mettre en ordre les notes qu'il offrit plus tard au secrétaire du club naguère fameux, ou encore à écouter Sam Weller lui faire la lecture à haute voix, agrémentée des remarques qui lui venaient à l'esprit, et ne manquaient jamais de procurer le plus vif amusement à M. Pickwick. [...] Entre eux subsiste une affection solide et réciproque à laquelle seule la mort mettra fin. »

Harrods
BOV

XV

Londres

C'est la ville-monde, la devancière de New York dans le cosmopolitisme, la capitale de l'Occident si New York est celle de l'univers. « Londres n'est pas un paysage, c'est un état d'esprit fait de savoir et de loisir », a noté l'incollable Bernard Delvaille qui préfère en érudit l'East End au West End. J'ai sous les yeux l'album que le Tchèque Miroslav Sasek lui consacrait en 1960, dans une série d'ouvrages dessinés pour les jeunes lecteurs sur les grandes villes. N'étaient les autobus rouges à deux étages, les fameux *double deckers* dont on vient d'apprendre avec effroi qu'ils seraient prochainement supprimés, rien n'a changé. Ni la petite église de Sainte-Ethelburge, ni tellement les enseignes de Piccadilly Circus, à peine la carrosserie des taxis, nullement les palais de Buckingham et de Saint-James. Les corbeaux hantent toujours la Tour de Londres, le navire de Scott demeure amarré sur la Tamise, les maisons à colombages de Holborn sont intactes. Et au Royal Albert Hall se tiennent toujours pendant l'été les Promenades Concerts, les Proms, organisées par la BBC, courues de tous, musicalement éminentes, d'un inconfort martial. J'ai vu, au cours de l'été 2004, un millier de personnes écouter debout et immobiles – pas de fauteuils à l'orchestre ! – quatre heures de Wagner par le Philharmonique de Londres dirigé par Simon Rattle. Les grands magasins Harrods et Selfridges ? Envahis à toute heure, non plus seulement pendant les soldes. Londres n'est plus capitale d'un empire disparu, elle est empire elle-même. Fondée par les Celtes au bord d'un fleuve tout comme Lutèce, elle a longtemps privilégié les quartiers ouest tout comme Paris. Rien à faire, là encore la rivalité anglo-française s'illustre aussi par les deux capitales dont Dickens écrivit métaphoriquement le roman dans *A Tale of Two Cities* (*Le Conte des deux villes*).

Il a fallu bien plus de mille pages à Peter Ackroyd pour composer le roman de Londres, en un ouvrage qui voudrait tout dire, presque tout au moins. « Un guide et une encyclopédie, un poème et une biographie, une œuvre de fiction et une œuvre de réalité. » Parfaitement traduit en français par Bernard Turle, Peter Ackroyd livre l'explication que nous attendions : « Le rouge est la couleur de Londres. Au début du dix-neuvième siècle, les voitures de louage étaient rouges. Les boîtes aux lettres sont rouges. Les cabines de téléphone, jusqu'il y a peu, étaient rouges. Les bus à impériale sont rouges. Toutes les rames du métro l'étaient aussi, autrefois. Les tuiles des Romains étaient rouges. Le mur d'enceinte du premier Londres était en pierre à sablon rouge. Le pont de Londres avait la réputation d'être imprégné de rouge, "éclaboussé du sang des petits enfants", à cause d'un rituel antique lié à la construction des ponts. Le rouge est la couleur de la violence. » J'ai suivi Peter Ackroyd dans les quartiers de Londres, et vérifié l'exactitude des adjectifs qu'il emploie, oui, Muswell Hill est distinguée, Stepney, mystérieuse, Stoke Newington, chaotique. À sa suggestion, j'ai relu l'étonnant *Napoléon de Notting Hill* de Gilbert Keith Chesterton le prolifique et l'exaspérant, le génial. C'est sur les pas de Chesterton, quatre-vingt-dix ans après la rédaction de son roman, que j'ai parcouru Clapham, Wimbledon, Surbiton, West Hampstead. J'ai repris Ackroyd et n'ai retrouvé aucune trace des bombardements nazis sur la capitale, commencés le 7 septembre 1940 à l'heure du thé. Pas plus à West Ham qu'à Millwall, à Limehouse qu'à Woolwich.

Disparu la même année que Victor Hugo, Jules Vallès fut comme lui exilé dans les îles Britanniques. Mais à partir du moment où le poète revint en France, puisque Vallès dut s'expatrier après la Commune à laquelle il prit une part éminente. Jamais Vallès ne s'acclimata à la capitale anglaise, à laquelle pourtant il consacra un intéressant ouvrage désespéré, *La Rue à Londres* (1884). À ses yeux, la ville n'est qu'un cloaque inconfortable et sinistre, grossier, inhospitalier. C'est là pourtant qu'il écrit la trilogie de Jacques Vingtras. Verlaine, Apollinaire,

Pissarro trouveront du charme à la ville des parcs. Ses espaces verts offrent autant d'arboretums, de serres, de jardins botaniques et zoologiques. Sans oublier les espaces privés, dûment recensés et pour certains accessibles au visiteur. Il en est même de flottants sur la Tamise.

Belle, Londres ? Plus ou moins que Paris, que Vienne, que Rome ? Plus vivante peut-être. Prodigieux agrégat de business et d'agrément, de frénésie spéculatrice et de loisir à l'ancienne, ville de musique et de théâtre, de foot et de rock. Quatre aéroports, dont Heathrow, qui devance Charles-de-Gaulle par le trafic, London City Airport carrément sur les docks, et l'admirable Stanstead conçu par l'aérien Norman Foster. De minuscules artères sinueuses et fleuries, identiques de nos jours encore à la description qu'en donnait le bon Samuel Pepys, vers 1660, une lumière tamisée – c'est un jeu de mots – toujours comparable à celle qui enchanta Turner. Les musées d'arts plastiques les plus novateurs du monde, la Tate Modern et le County Hall. Londres, leur cité, notre ville. L'Angleterre, une terre promise qui rassure à double titre puisque garante du passé par son goût des traditions et soucieuse de l'avenir grâce à son sens de l'évolution. Le maillage harmonieux du jadis, du naguère et du présent, que l'été 2005 a semblé à la fois couronner et menacer en un suprême d'émotions. À tort ou à raison, on a vu dans la rivalité entre Paris et Londres pour l'attribution des jeux Olympiques de 2012 la quintessence d'un affrontement millénaire entre le réalisme à l'anglaise et la morale à la française. Une fois de plus, le premier l'a emporté, de peu, ce qui a rendu la défaite parisienne moins aisément acceptée. On a allégué le *fair play*, annexé cette fois par la France, terrassée par le lobbying, en clair le trafic d'influence exercé par Albion, décidément toujours perfide. En sport, les chiffres font loi : Londres a gagné de quatre voix. C'est que les coupables édiles français n'ont pas su ou pas voulu voir l'évidence selon laquelle ce n'était pas un dossier seulement que l'on allait juger, mais une présence au monde. Et de ce point de vue-là, le film de propagande – oui, de propagande, au sens léniniste du terme – des Anglais offrait la vision ouverte d'un futur tout de mélanges et d'incertitudes. Celui de nos compatriotes fermait le débat, enfermant la France sur elle-même et son passé. Comment s'étonner d'une défaite rendue plus amère encore par son énoncé en anglais par la voix d'un francophone, alors que la langue officielle du Comité olympique demeure en principe le français ?

Cela n'est rien encore. Conséquence directe ou non de ce choix effectivement lié à la perception mondialiste des instances sportives et télévisuelles, la nouvelle ville olympique rejoignait dès le lendemain New York, son *alter ego* américaine, comme victime du fanatisme islamiste. Preuve ultime s'il en était besoin, du retour symbolique de Londres au rang de métropole planétaire. « Je ne connais rien de plus significatif du tempérament londonien que le changement des visages, le silence choqué, le regard de condamnation morale qui nous vient quand il arrive “quelque chose”. Nous voilà figés par la consternation, sauf si bien sûr si ce “quelque chose” est arrivé à un chien, auquel cas nous nous précipitons tous en même temps, éperdus, et clamant notre indignation à l’univers entier. Jusqu’à ce que quelqu’un profère cette phrase apaisante, cette parole de morale respectée un millier de fois par jour sur les trottoirs de Londres, et qui calmera instantanément la panique : “*It’s wrong, it’s not right. It’s all wrong.*” Sauf envers ce qui peut arriver aux chiens, chevaux, perruches, canards, Londres est la ville la plus paisible du monde », écrivait Sir Victor Sawdon Pritchett en 1962.

Références

Il ne saurait évidemment être question ici de bibliographie générale. Mais plutôt de livrer des précisions sur ces ouvrages et ces films auxquels chacun peut se référer, et qui ont abondamment alimenté la réflexion et piqué la curiosité de l'auteur. Ils sont cités ici selon leur ordre d'apparition dans le corps de l'ouvrage.

CHAPITRE I

De la supériorité de l'Angleterre sur la France. François Crouzet, Perrin, 1985. Recueil d'articles économiques parfaitement lisibles.

L'Insupportable Bassington. Saki, 10-18, 1991. « Cette histoire n'a pas de morale. Si elle dénonce un mal, du moins n'y suggère-t-elle pas de remède » (Saki).

Reginald et *Clovis*. Saki, Le Livre de poche, 2005. Chroniques paradoxales et à froid de l'Angleterre 1900.

La citation d'Elie Halévy est rapportée par François Bédarida dans *La Société anglaise du milieu du* XIX*e* *siècle à nos jours*. Le Seuil, Points Histoire, 1989.

CHAPITRE II

L'Angleterre ferme à cinq heures. Jacques A. Bertrand, Julliard, 2003. En une trentaine de brefs chapitres, de délicieux « Mémoires d'outre-Manche ».

W ou le souvenir d'enfance. Georges Perec, Gallimard, L'Imaginaire, 1993. Une vie à la lettre.

Guide Julliard de Londres. Henri Gault, Christian Millau, Julliard, 1965. Si l'empathie a un sens, en voici l'illustration stylée.

Sport quand tu nous tiens. Olivier Merlin, Le Rocher, 2000. Wimbledon et Wembley n'ont jamais été mieux décrits.

Il pleut toujours le dimanche de Robert Hamer (Studios d'Ealing, 1947, avec Googie Withers, Jack Warner, John Mc Cullum). Un magnifique drame ferroviaire et policier, nocturne et pluvieux à souhait. Récemment réédité en DVD par StudioCanal Vidéo, ainsi que plusieurs autres productions de Michael Balcon pour Ealing : *Noblesse oblige, Tueurs de dames, L'Homme au complet blanc, De l'or en barre, Whisky à gogo*.

CHAPITRE III

Voyous et gentlemen, une histoire du rugby. Jean Lacouture, Découvertes-Gallimard, 1993. Aquitain, Lacouture a tout compris du grand sport collectif.

Les Années anglaises. Elias Canetti, Albin Michel, 2005. L'Angleterre de l'esprit et des immigrés de langue allemande.

CHAPITRE IV

Mémoires d'outre-tombe. Chateaubriand. La meilleure édition récente est celle de la collection Pochothèque au Livre de Poche, deux volumes, 2001.

CHAPITRE V

Rêveurs et nageurs. Denis Grozdanovitch, José Corti, 2005. « Choc culturel », « empathie cynique » : variations épatantes.

CHAPITRE VI

L'Humour. Robert Escarpit, PUF, Que sais-je ?, 1960.

Le Snobisme. Philippe du Puy de Clinchamps, PUF, Que sais-je ?, 1964.

Le Livre des snobs. William Makepeace Thackeray, GF Flammarion, 1990. À l'origine de la dénomination : lecture fondatrice et réjouissante.

Tancrède ou la nouvelle croisade. Benjamin Disraeli, Fayard, 2004. Très curieux roman autobiographique.

CHAPITRE VII

Angleterre, une fable. Leopoldo Briguela, Corti, 2004. Par un écrivain argentin d'aujourd'hui, prodigieuse évocation romanesque de Shakespeare et de ses interprètes.

Londres. Bernard Delvaille, Champ Vallon, 1983. Digne de Larbaud.

CHAPITRE VIII

Une passion excentrique, visites anglaises. Christine Jordis, Le Seuil, 2005. Profond éloge du paysage anglais, littéraire et touristique.

CHAPITRE X

Ma vie secrète. Stock, 5 volumes, 1999-2001. Vertigineux.

Les Préraphaélites. Gérard-Georges Lemaire, Bourgois, 1989. Le livre en français sur la fraternité.

Les Préraphaélites : un modernisme à l'anglaise. Laurence Des Cars, Découvertes-Gallimard, 1999. Explicitement illustré.

CHAPITRE XI

Cinq excentriques anglais. Lytton Strachey, Le Promeneur, 1992. De la préciosité.

Bloomsbury. Jean Blot, Balland, 1992. Le seul livre en français sur le sujet.

La Femme changée en renard. David Garnett, Grasset, Cahiers rouges, 2004. Un pari littéraire impeccablement tenu.

Les Deux Cœurs de Bloomsbury. Angelica Garnett, Le Promeneur, 2001. Bloomsbury vécu de l'intérieur : profondément troublant

Mémoires d'un chasseur de renards. Siegfried Sassoon, Phébus, 1995. La tradition rurale en perspective cavalière.

Les Excentriques anglais. Edith Sitwell, Le Promeneur, 1988. Savoureuse promenade dans un imaginaire méconnu des Français.

Voyageurs excentriques. John Keay, Payot, 1991. « Partir, c'est mourir un peu » : exemples.

À la recherche du baron Corvo. A. J. A. Symons, Gallimard, 1964. L'homme qui a vu l'homme qui a vu Rolfe.

Don Tarquinio. Frederick Rolfe (baron Corvo), Gallimard, L'Imaginaire, 1991. Une journée à la cour des Borgia.

Les Excentricités du cardinal Pirelli. Ronald Firbank, Rivages poche, 2000. Pour faire connaissance avec Mgr Silex…

L'Hypocrite heureux. Max Beerbohm, Grasset, 1994. Une histoire de masque à la Wilde.

Le Pacte avec le serpent, tome II. Mario Praz, Bourgois, 1990. Un Larbaud transalpin.

Toutes voiles dehors. Clifford Henry Benn Kitchin, Actes Sud, 2002. Découvert par Virginia Woolf, le portrait d'une insatisfaite.

Augustus Carp. Sir Henry Howarth Bashford, Phébus, 2003. Parfait exemple d'humour en littérature.

Petit manuel de survie. Francis Galton, Rivages poche, 2004. Précautions de voyage à la Jerome K. Jerome.

Peu importe ; Mauvaise nouvelle ; Après tout. Edward Saint Aubyn, 10-18, 2000. La trilogie de Patrick Melrose en Angleterre et en Amérique : tonique.

Au temps du roi Edouard. Vita Sackville-West, Grasset, Cahiers rouges, 2005. Sur le mode romanesque, un adieu à l'époque victorienne.

Haro sur le suif. Glen Baxter, Hoëbeke, 2005. Un polar dessiné, véritable univers mental.

CHAPITRE XII

Les Silences du colonel Bramble. André Maurois, Grasset, Cahiers rouges, 1993. De la tendresse avant toute chose.

Le *Cœur de l'Angleterre*. Valery Larbaud, Gallimard, 1971. Yarningale et Claverdon, grands petits villages anglais.

Les Poésies de A. O. Barnabooth. Valery Larbaud, Poésie-Gallimard, 1966. Rien de plus beau.

Ce vice impuni la lecture. Domaine anglais. Valery Larbaud, Gallimard, 1998. « On possède l'anglais et on est possédé par lui. » (V. L.)

Londres. Paul Morand, Plon, 1990. Intelligence et sensibilité du regard.

Londres, un ABC romanesque et sentimental. Pierre-Jean Remy, Lattès, 1994. Son meilleur livre.

Pas un mot à l'ambassadeur. Nancy Mitford, La Découverte, 2005. Une Anglaise qui préfère Paris à Londres.

De l'Angleterre. Jean Queval, Gallimard, 1956. Daté et pourtant parfaitement actuel.

Les Anglais. Philippe Daudy, Plon, 1989. Une tentative d'assimilation.

Astérix chez les Bretons. René Goscinny, Albert Uderzo, Dargaud, 1966. Un très juste coup d'œil.

Confessions d'un jeune Anglais. George Moore, Christian Bourgois, 1985. Un ami de Mallarmé et de la « Nouvelle Athènes ».

Olivia Sturgess, 1914-2004. Floc'h (dessins et scénario) et Rivière (scénario), Dargaud, 2005. Quatrième tome des aventures de cette romancière imaginaire.

Le Perroquet de Flaubert. Julian Barnes, Stock, 1986. Légèreté érudite et subtile.

Quelque chose à déclarer. Julian Barnes, Mercure de France, 2004. Francophilie à l'anglaise.

Un homme dans sa cuisine. Julian Barnes, Mercure de France, 2005. Un écrivain cuisinier à la française : en toute saveur.

Histoire des passions françaises. Theodore Zeldin, Payot, 1994, 2 volumes. Un monument de francophilie.

Ma Provence. James Pope-Hennessy, Le Rocher, 2004. Mieux que Peter Mayles.

SENSO numéro 1, octobre-novembre 2001, « So British, so sexy ! » Des plumes au service de l'anglophilie.

CHAPITRE XIII

Gens de la Tamise, le roman anglais au XXe *siècle*. Christine Jordis, Le Seuil, 1999. L'autorité en la matière.

Lettres anglaises. Olivier Barrot, Bernard Rapp, Folio 2005. Une « modeste proposition » de voyage littéraire.

Souvenirs et divagations. Hanif Kureishi, 10/18, 2004. Que de bons souvenirs !

Contre son cœur. Hanif Kureishi, Bourgois, 2005. Un livre magnifique autour de la dette, à l'égard du père, du pays d'origine, du pays d'adoption.

Poésies choisies. Wystan Hugh Auden, Poésie-Gallimard, 2005. « *I very much doubt whether a Frenchman can ever learn really to hear a line of English verse.* » (W. H. A.) : démonstration du contraire.

Les Vestiges du jour. Kazuo Ishiguro, 10/18, 1991. Bel éloge d'une immuable tradition sociale.

Le Plaisir de souffrir. Alain de Botton, 10/18, 2003. Amours londoniennes d'aujourd'hui.

Pepsi et Maria. Adam Zamegaad, Bourgois, 2005. Introduction à la « World Literature ».

Écrits autobiographiques. Elias Canetti, Pochothèque-Le Livre de Poche, 1998. De sa vie, Canetti compose un roman de l'esprit.

CHAPITRE XIV

Œuvres. Charles Dickens, Gallimard, La Pléiade, 9 volumes dont beaucoup d'épuisés. Inépuisable.

Le Monde de Charles Dickens. Angus Wilson, Gallimard, 1972. Quelle remarquable introduction !

Dickens. Jean Gattégno, Le Seuil, Écrivains de toujours, 1975. Une initiation hypersensible, fort bien illustrée.

Charles Dickens. Peter Ackroyd, Stock, 1993. 1200 pages ! Dickens les justifie.

Monsieur Dick ou le dixième livre. Jean-Pierre Ohl, Gallimard, 2004. « Dickens et moi » par un fou du *Mystère d'Edwin Drood.*

CHAPITRE XV

Le Plaisir solitaire. Bernard Delvaille, Le temps qu'il fait, 2005. Une vision paysagée de Londres, toute d'acuité littéraire.

Londres. Miroslav Sasek, Casterman, 1960. Des dessins pleins de justesse et d'humour.

Londres, la biographie. Peter Ackroyd, Stock, 2003. Très « anglais », demeurera longtemps insurpassable.

Londres, aquarelles. Graham Byfield, Marcus Binney, Le Pacifique, 2001. L'esprit de Londres par la peinture à l'eau.

Jardins secrets de Londres. Caroline Clifton-Mogg, Marianne Majerus, Flammarion, 2004. Tout d'agrément agreste.

Journal. Samuel Pepys, Bouquins-Laffont, 1994. Londres quotidienne au milieu du XVIIe siècle, par un portraitiste caustique et stylé.

Impressions de Londres. Victor Sawdon Pritchett, Salvy, 1996. Le titre anglais, *London perceived*, traduit bien le ton de cet essai sensible.

Index des noms de personnes

Table

Composé par Nord Compo
à Villeneuve-d'Ascq

Achevé d'imprimer en septembre 2005
dans les ateliers de ***Bussière***
à Saint-Amand-Montrond (Cher)

N° d'édition : 2048. – N° d'impression : 053528/1.
Dépôt légal : septembre 2005.
Imprimé en France